Pobres e Ricos
na luta pelo poder

LEÔNCIO MARTINS RODRIGUES

POBRES E RICOS
NA LUTA PELO PODER

NOVAS ELITES NA POLÍTICA BRASILEIRA

Copyright © 2014 Leôncio Martins Rodrigues

EDITOR
José Mario Pereira

EDITORA ASSISTENTE
Christine Ajuz

REVISÃO
Cesar Fernandes

PRODUÇÃO
Mariângela Felix

CAPA
Adriana Moreno

DIAGRAMAÇÃO
Arte das Letras

CIP-BRASIL CATALOGAÇÃO NA FONTE
SINDICATO NACIONAL DOS EDITORES DE LIVROS, RJ

R614p

Rodrigues, Leôncio Martins
    Pobres e ricos na luta pelo poder: novas elites na política brasileira / Leôncio Martins Rodrigues. - 1ª ed. – Rio de Janeiro: Topbooks, 2014.
    173 p.: il.; 23 cm.

    ISBN 978-85-7475-230-3

    1. Elites (Ciências sociais). 2. Brasil – Política e governo. I. Título.

14-11728	CDD: 320.981
	CDU: 32(81)

TODOS OS DIREITOS RESERVADOS POR
Topbooks Editora e Distribuidora de Livros Ltda.
Rua Visconde de Inhaúma, 58 / gr. 203 – Centro
Rio de Janeiro – CEP: 20091-007
Telefax: (21) 2233-8718 e 2283-1039
topbooks@topbooks.com.br/www.topbooks.com.br
Estamos também no Facebook.

A Maria Tereza Sadek

Livros do autor

Mudanças na Classe Política Brasileira, Publifolha, 179 pp, São Paulo, 2006.
El Brasil de Lula. Diputados y Magistrados, Ediciones La Crujía, 173 pp, Buenos Aires, 2004. (em co-autoria com Maria Tereza Aina Sadek).
La Clase Política Brasileña, Ediciones La Crujía, 102 pp, Buenos Aires, 2003. (Tradução para o espanhol da I Parte do livro *Partidos, Ideologia e Composição Social).*
Partidos, Ideologia e Composição Social, EDUSP, 242 pp, São Paulo, 2002.
Destino do Sindicalismo, EDUSP, 1ª ed., 335 pp, São Paulo, 1999. (2ª edição: 2002).
Força Sindical. Uma Análise Sócio-Política, Paz e Terra, 172 pp, São Paulo, 1993. (Em colaboração com Adalberto Moreira Cardoso).
O Futuro do Sindicalismo (org.), Nobel, 105 pp, São Paulo, 1992. (Em colaboração com João Paulo dos Reis Velloso).
CUT. Os Militantes e a Ideologia, Paz e Terra, 143 pp, São Paulo, 1990.
Partidos e Sindicatos - Escritos de Sociologia Política, Editora Ática, 151 pp, São Paulo, 1989.
Quem é Quem na Constituinte – Uma Análise Sócio-Política dos Partidos e Deputados, OESP-Maltese, 368 pp, São Paulo, 1987.
Pequena e Média Empresa no Brasil, Editora Símbolo, 264 pp, São Paulo, 1979. (Em colaboração com H. Rattner, S. Miceli e J. C. Durand).

Trabalhadores, Sindicatos e Industrialização, Editora Brasiliense, 160 pp, São Paulo, 1974.

Industrialização e Atitudes Operárias, Editora Brasiliense, 217 pp, São Paulo, 1970.

Lenin: Capitalismo de Estado e Burocracia, Perspectiva, Col. Elos, 69 pp, São Paulo, 1978. (Em colaboração com Ottaviano De Fiore).

La Clase Obrera en el Brasil, Centro Editor de América Latina, 148 pp, Buenos Aires, 1969.

Sindicalismo e Sociedade (org.), Difusão Europeia do Livro, 360 pp, São Paulo, 1968.

Conflito Industrial e Sindicalismo no Brasil, Difusão Europeia do Livro, 222 pp, São Paulo, 1966.

Sumário

Introdução – Uma nova Elite 17
    I – A pesquisa 29
    II – Sobre alguns conceitos 37
    III – Desigualdades na Casa do Povo 51
    IV – Profissão, patrimônio e legenda................................. 63
    V – Ascensão e declínio de Elites 89
    VI – Mudanças partidárias na CD..................................... 109
    VII – Milionários e remediados 117
    VIII – Trunfos e portas de entrada.................................... 131
Conclusão 157
Adendo I – Deputados eleitos na 54ª Legislatura.......................... 163
Adendo II – Partidos registrados no TSE 164
Adendo III – Deputados mais pobres e mais ricos........................ 165
Bibliografia 169

| *Observação – Este texto destina-se não apenas a professores e estudantes de Ciência Política, mas também a todos que se interessam pela política nacional. Dada a pretensão de atingir um público mais amplo, procuramos limitar o emprego de conceitos habitualmente utilizados em estudos acadêmicos sobre partidos e eleições. A mesma limitação existiu para as citações de livros e artigos. Referências bibliográficas, contudo, são necessárias para mostrar de onde partem certas afirmações. Por isso, citamos mais do que gostaria o grande público e possivelmente menos do que esperariam os cientistas políticos.*

| *"A democratizing trend is our predestination fate, not only in politics, but also in intellectual and cultural life as a whole. Whether we like or not, the trend is irreversible, and it is the supreme duty of the political thinker to explore its potentialities and implications. Only in this will be possible to influence the trend of democratization in a desirable sense".*

KARL MANNHEIM, *Essays on the Sociology of Culture*

INTRODUÇÃO

Uma nova Elite

Este livro tem como objeto as mudanças recentes na composição social da classe política brasileira, mais especificamente dos deputados federais eleitos em 2010 para a 54ª Legislatura. De certo modo, é continuação de duas outras pesquisas que efetuamos sobre o mesmo assunto. A tese principal em todas elas é de que o recrutamento para a profissão política está se fazendo cada vez mais nas camadas médias e, em menor medida, nas classes populares. Um de seus efeitos é a redução do poder das classes proprietárias e elites tradicionais – as chamadas elites oligárquicas – nas várias instâncias do sistema de poder. O resultado é o que definimos como popularização da classe política brasileira.[1] Os empresários rurais foram os que mais perderam espaço no sistema de poder nacional. A popularização é uma decorrência da democratização da vida política. Ela se caracteriza principalmente pela ascensão das classes médias nas estruturas de poder. Assiste-se aqui ao que já acontecera em outros países que se modernizaram mais cedo.

A ascensão política de elites vindas das classes médias e trabalhadoras relaciona-se predominantemente à massificação do campo

---

[1] Leôncio Martins Rodrigues, *Mudanças na Classe Política Brasileira,* Publifolha, São Paulo, 2006.

político com o aumento não apenas do número de eleitores, como também de organizações e entidades coletivas competindo por mais poder e benefícios. O resultado é um volume extremamente elevado de atores políticos e de interesses sociais fragmentados em numerosas instituições, organizações e associações (sindicatos especialmente) que estabelecem vínculos com os partidos políticos e por eles elegem suas lideranças para influenciar ou controlar o sistema decisório. Aumenta, assim, o espaço público controlado, ou influenciado, por entes corporativos.

Trata-se de um fenômeno universal ligado ao esboroamento da ordem tradicional já razoavelmente conhecido. Limitemo-nos, muito sucintamente, a dizer algo sobre o fenômeno no Brasil. Aqui, de modo mais expressivo do que na maioria dos países de antiga industrialização, o crescimento do corpo eleitoral foi muito rápido e amplo, decorrência em larga medida da explosão populacional, da urbanização acelerada, da escolarização, da grande expansão dos meios de comunicação de massas, de valores democráticos e de outros fatores que têm sido apontados pelos cientistas sociais.

Fiquemos em alguns dados. Em 1945, em fins da ditadura do Estado Novo getulista, quando o Brasil retornou à normalidade constitucional, havia no País cerca de 7,5 milhões de eleitores, 16% da população. Para usarmos um termo já antigo, mas expressivo de Gino Germani,[2] o País poderia ser caracterizado como uma democracia que transitava da participação restrita ("oligárquica") para uma democracia de participação ampliada: as classes médias e as camadas superiores das classes trabalhadoras já tinham o título de eleitor, e votavam, mas não as classes baixas, em especial as das zonas rurais.

---

[2] Gino Germani, *Política y Sociedad en una Época de Transición,* cap. 5, "De la Sociedad Tradicional a la Participación Total en América Latina", Editorial Paidós, Buenos Aires, 1962.

Em 1986, havia cerca de 134 milhões de habitantes e quase 70 milhões de eleitores (52%). Em 2006, a população brasileira chegou a 187 milhões, dos quais 126 milhões (67%) eram eleitores, o segundo maior eleitorado do mundo ocidental depois dos EUA. Descontando os menores de 16 anos e os impedidos de votar por vários motivos, a totalidade da população pode adquirir a cédula eleitoral, o que não significa que faça uso do direito de voto.

TABELA I - I
População e eleitorado brasileiro: 1945 a 1962

ANOS	POPULAÇÃO (milhões)	ELEITORES (milhões)	ELEITORES/ POPULAÇÃO (%)
1945	46.590	7.426	16,2
1947-48	48.732	7.711	15,8
1950	51.944	11.440	22,0
1954	59.564	15.076	25,3
1955	61.469	15.244	24,8
1958	67.184	13.758	20,5
1960	70.992	15.547	21,9
1962	75.695	18.496	24,6

Fonte: TSE.

TABELA I - II
Variação do eleitorado brasileiro: 1986 a 2006

REGIÃO	1986	1990	1994	1998	2002	2006
Norte	3.135.049	4.702.321	5.809.498	6.752.249	7.630.352	8.817.460
Nordeste	17.799.642	22.312.935	25.434.565	28.538.613	30.998.105	34.133.740
Sudeste	32.280.496	37.920.076	42.174.832	47.024.931	50.695.881	54.944.898
Sul	11.616.820	13.629.393	15.199.708	16.747.098	17.833.491	19.040.335
C. Oeste	4.539.488	5.252.868	6.124.440	6.990.215	8.026.078	8.890.686
Exterior	-	-	-	-	69.927	86.360
Brasil	69.371.495	83.817.593	94.743.043	106.053.106	115.253.834	125.913.479

Fonte: TSE.

TABELA I - III
Eleitorado sobre a população: 1986 a 2006 (%)

REGIÃO	1986	1990	1994	1998	2002	2006
Norte	40,7	46,9	53,3	59,8	55,6	58,7
Nordeste	45,5	52,5	57,3	63,7	63,0	66,1
Sudeste	55,7	60,4	64,4	70,2	67,4	69,1
Sul	55,9	61,6	66,4	71,2	68,7	69,7
C. Oeste	54,8	55,7	60,8	66,6	65,4	67,0
Brasil	51,8	57,1	61,6	67,5	65,3	67,4

Fonte: TSE.

Os números acima procuraram dar uma rápida visão da extensão da participação eleitoral, fator que significa também a extensão da cidadania política. É aí que reside, em nossa visão, o principal fator da emergência da nova elite política vinda das classes médias e baixas, dos emergentes da classe C, como se costumou falar quando o ponto de referência são os níveis de consumo.[3] É dessa faixa de ascendentes, ex-pobres, que se recruta parte da liderança de organizações de massa e de movimentos associativos geralmente ligados a partidos ditos de esquerda.

Voltaremos, de modo mais detalhado, a tratar deste ponto. Mas permitimo-nos um rápido exemplo personificado e recente como introdução ao assunto. Um caso paradigmático de declínio de clã familiar e mudança da elite governante foi a eleição de Jacques Wagner, do PT, para governador do Estado da Bahia. O candidato petista derrotou um ex-governador, Paulo Souto, apoiado por Antônio Carlos Magalhães, de longa tradição na política baiana e nacional: um ex-plebeu derrotava um membro do melhor patriciato local.

---

[3] Ver, sobre o desenvolvimento recente das classes médias na sociedade brasileira, Amaury de Souza e Bolívar Lamounier, *A Classe Média Brasileira, Ambições, Valores e Projetos de Sociedade,* Rio de Janeiro, Elsevier/ CNI; Brasília, 2010.

Do ângulo sociológico, a eleição do petista representa bem a ascensão de um político pela via do sindicalismo. Jaques Wagner não vinha dos círculos políticos baianos. Carioca, de família judia, iniciou-se na política pelo movimento estudantil. Em 1973, com problemas ante o governo militar, abandonou o curso de engenharia na PUC do Rio e foi para a Bahia. Arrumou emprego na Petrobrás. Passou a atuar no Sindicato dos Trabalhadores da Indústria Petroquímica, do qual chegou a ser presidente. Em 1980, foi para o PT. Embora do ângulo do nascimento e origens familiares fosse um *outsider* na política da Bahia, quando concorreu com êxito para o governo estadual (eleições de 2006) estava integrado na política local, o que lhe possibilitou chegar ao governo do estado: em 1990 já era deputado federal pela Bahia, reeleito por mais duas vezes. Foi Ministro do Trabalho e Ministro das Relações Institucionais no governo Lula. Sua eleição é indicativa da força da instituição sindical na política nacional.

O avanço dos novos atores políticos, que encontraram abrigo em novas siglas partidárias, acentuou-se depois da Constituição de 1988. De modo progressivo, dentro da lei, começou a se refletir na distribuição dos votos e na representação política. Contudo, as classes altas, grupos oligárquicos e elites políticas estabelecidas não parecem ter-se alarmado excessivamente com a ascensão dos que vinham mais de baixo.

Pode ser que, até a eleição de Lula, a força da aliança dominante PSDB-PFL na Câmara dos Deputados, no Senado e em outros órgãos do sistema político fizesse menos visíveis os avanços parciais dos recém-chegados e/ou tranquilizasse os setores conservadores. Pode ser que "as velhas oligarquias" e/ou as classes proprietárias não tivessem plena consciência da presença ascensional dos ex-plebeus e de que, cada vez mais, tinham seu espaço restringido nas várias instâncias do sistema de poder. Pode ser que tivessem perdido a capacidade de reação. Pode ser que estivessem sem legitimidade para enfrentar os políticos que vinham mais de baixo e por isso expressavam "o povo", os "oprimidos". Pode ser também que não julgassem que as perdas fossem profundas e irrecuperáveis. Pode ser que tivessem entendido que as novas elites, uma vez no poder, seriam domesticáveis. Pode ser, *last but not least*, que os grandes grupos empresariais nacionais e estrangeiros não tivessem se sentido fortemente ameaçados pela nova elite de esquerda que se apoiava preponderantemente nas classes baixas. Portanto, melhor seria aliar-se a ela e participar de um comum enriquecimento.

O fim do autoritarismo militar, por um lado, e a implosão do socialismo soviético, por outro, contribuíram para que os valores democráticos se tornassem hegemônicos. Com isso, houve aceitação quase total por parte dos principais atores da política nacional das regras do jogo democrático que beneficiaram uma oposição moderada, encarnada no MDB.

O retorno à democracia efetuou-se sem risco para as camadas proprietárias e sem graves sobressaltos para a ordem política. Em boa medida, foi conduzido por uma facção da classe política que se autodefinia como de centro-esquerda.[4] Contudo, a esquerda foi a maior beneficiada pela democracia capitalista. Na nova ordem democrática foi ascendendo devagarzinho, por via do voto, legitimamente, como notaram S. Levitsky e K. Roberts numa análise comparativa dos governos de esquerda na América Latina. A esquerda brasileira, representada pelo PT, teria seguido um caminho constitucional para o poder, tal como no Chile e no Uruguai.

---

[4] Em pesquisa que efetuamos com constituintes eleitos em 1986, 52% dos entrevistados se definiram como de centro-esquerda ou de esquerda moderada. Fugindo dos extremos, nenhum constituinte se declarou de direita radical e apenas 5% de esquerda radical. As profissões liberais e intelectuais eram 50% da Constituinte. Os empresários de todos os tipos representavam 32% da Câmara dos Deputados; 9% eram empresários rurais. As profissões manuais ou de nível médio eram 3%. Mais informações em Leôncio Martins Rodrigues, *Quem foi Quem na Constituinte. Uma Análise Sócio-Política dos Partidos e Deputados,* Oesp-Maltese, São Paulo, 1987.

Pode-se discordar, contudo, da interpretação do processo no Brasil no que diz respeito ao papel de Lula e do PT. Levitsky e Roberts entendem que o PT teria desempenhado papel de liderança na construção e consolidação da nova democracia. Na verdade, para a reabertura democrática, o ator principal foi o MDB. O PT cresceu depois, já sob regime democrático estabelecido. Além de muito fraco na época, o PT votou contra a Constituição de 1988, entendida como conservadora. Lula, o então dirigente sindical, dominado por convicções obreiristas e sindicalistas, recusou-se mesmo a participar da campanha pela anistia política.[5] Mas pode-se aceitar que a atuação de Lula, desafiando as grandes empresas e o autoritarismo militar, desabrida na prática, mas moderada na ideologia, tenha ajudado a apressar o fim do regime militar.[6]

Em democracias de economia predominantemente de mercado, o controle do poder estatal por partidos de esquerda é fenômeno conhecido. Já aconteceu muitas vezes na história política e social dos países desenvolvidos: um sistema capitalista frequentemente governado, ainda que em condomínio, por esquerdistas.

Aqui, como em outras partes, do prisma institucional, a conquista do estado pela elite política ascendente de classe média efetuou-se dentro da lei e – mesmo que os recém-chegados não fos-

---

[5] Cf., por exemplo, *Lula. Entrevistas e Discursos*, Editora O Repórter de Guarulhos, Guarulhos, 1981.
[6] A atuação inicial de Lula e do sindicato dos metalúrgicos de S. Bernardo não era movida por ideologia revolucionária, marxista ou o que quer que fosse de socialismo. Era movida pelo o que a esquerda designava de sindicalismo à americana, de negociação direta com as empresas, contra a intervenção governamental na área dos conflitos e, portanto, de rejeição da CLT. Assim é que, em 1975, na posse de Lula como presidente do sindicato, estiveram presentes o governador biônico do Estado de São Paulo, Paulo Egydio Martins, o secretário do Trabalho e representantes dos governos federal, estadual e municipal e também o comandante militar do II Exército. Cf. José Nêumanne Pinto, *O que eu sei de Lula*, Topbooks, Rio de Janeiro, 2011, p. 125, e Denise Paraná, *Lula, o Filho do Brasil*, Editora Fundação Perseu Abramo, São Paulo, 1ª reimpressão, p. 119.

sem adeptos fanáticos da democracia "burguesa" – obedeceu às regras do jogo democrático. Teve início a partir das regiões mais desenvolvidas do País, as mais capitalistas e modernas, ou seja, avançando do centro para a periferia. Desse modo, muitas instituições e setores do sistema político brasileiro ainda permanecem sob controle das elites tradicionais. O Senado da República é um exemplo. Contudo, supondo que os rumos atuais do desenvolvimento persistam, o espaço da nova elite política vinda das classes médias e populares deverá ampliar-se, ainda que seja em aliança com setores políticos tradicionais vindos da direita.

O recuo dos partidos ligados às classes proprietárias e empresariais, a popularização da classe política brasileira e a emergência de novos atores políticos ficaram muito perceptíveis depois dos dois mandatos presidenciais de Luiz Inácio Lula da Silva seguidos da eleição de Dilma Rousseff e da persistência do crescimento eleitoral do PT.

Lula, de fato, como tem sido alardeado *ad nauseum*, veio muito de baixo. É difícil imaginar uma origem mais humilde: uma família paupérrima de retirantes que migrou num pau de arara para terras paulistas, para o moderno capitalismo. Como milhões de outros trabalhadores vindos do mundo tradicional, Lula ascendeu socialmente ao fazer parte da classe operária explorada pelo capitalismo. Foi um fenômeno de ascensão social que contrariou todas as teses sobre o empobrecimento crescente da classe operária no capitalismo. Mas as correntes de esquerda colocaram à sombra o fato da ascensão social do migrante e colocaram sob holofote a "novidade" da emergência de uma "autêntica liderança operária".

Essa origem social, que colou na figura do Lula as categorias de retirante e de operário, quer dizer, de filho do Brasil, como foi definido,[7] passou a ser uma poderosa arma eleitoral na medida em

---

[7] Além do livro de José Nêumanne Pinto (*O que eu sei de Lula*) e de Denise Paraná (*Lula, o Filho do Brasil*) já citados, há muitas outras biografias sobre Lula. Citamos,

que, por um lado, mais pobres adquiriam direito de voto e, por outro, multiplicavam-se os sindicatos de trabalhadores, as associações populares, as sociedades ligadas à igreja progressistas e as ONGs de variados tipos.

A abundância de publicações sobre Lula e o PT decorre, é claro, das características do objeto ("o operário que chegou à Presidência da República"). Mas veio também do perfil ideológico dos cientistas sociais, normalmente da intelectualidade de esquerda simpática ao PT. Ou seja: não do objeto pesquisado, mas do sujeito pesquisador. A avalancha de estudos começou muito antes de Lula chegar à Presidência. O PT, bem mais do que qualquer outro partido, foi objeto de numerosas teses de doutorado e dissertações de mestrado que se estenderam posteriormente a pesquisas sobre as transformações ideológicas e programáticas do partido e sobre a máquina partidária.

Como acontece com sindicalistas que ascendem pela via da atividade sindical, Lula já não era pobre ao entrar no mundo da política. Era presidente do sindicato de trabalhadores metalúrgicos de S. Bernardo, um dos mais ricos e poderosos do país, com orçamento maior do que o da maioria das empresas e prefeituras brasileiras. Como diretor e presidente do Sindicato dos Metalúrgicos, em termos de nível de vida e possibilidades de consumo, já fazia parte das classes médias antes de entrar para a política. Posteriormente, ao ser eleito deputado federal (1982) estaria na classe média. Mas a origem familiar retirante e operária continuou a legitimar a crítica às "elites".

Sua sucessora na Presidência da República, Dilma Rousseff, de sua parte, nascera numa família de classe média alta, mas de

---

por datas de publicação, as que oferecem mais informações: Mário Morel, *Lula, o Metalúrgico*, Nova Fronteira, Rio de Janeiro, 1981; Richard Bourne, *Lula do Brasil*, Geração Editorial, 2009 (1ª ed. americana: 2009), 2011. Muito informativo sobre as primeiras ideias de Lula é a publicação: *Lula, Entrevistas e Discursos*. op. cit.

origem imigrante de primeira geração.[8] Sua trajetória política é típica dos jovens militantes vindos da classe média alta. Começou pelo movimento estudantil antes da passagem para um partido grande, não o PT, mas de um rival no campo da esquerda, o PDT brizolista.

As trajetórias de Lula e de Dilma, ainda que excepcionais pelo êxito alcançado, não representam casos isolados de ascensão social e política num país com frequência definido como elitista e fechado à ascensão dos que vem mais de baixo. Desse ângulo, Lula e Dilma são indiscutíveis evidências de mobilidade social e de rotatividade nas elites políticas do País, fato que não exclui a permanência de velhas famílias oligárquicas e a má distribuição da renda.

Do ponto de vista da singularidade, muito mais do que o caso de Dilma, a ascensão de Lula dificilmente encontra equivalente na política brasileira. No Sudeste e Sul é comum a presença de políticos importantes vindos de famílias de emigrantes estrangeiros e nordestinos. Muitos outros vieram do movimento estudantil. Já os casos de filhos de retirantes são muito mais raros. A vitória de Lula, porém, não é apenas o resultado dos inegáveis e exaltados dotes pessoais do ex-metalúrgico e da capacidade de militância do PT. Esses fatores seriam inúteis não fossem as mudanças importantes na sociedade, ou no capitalismo brasileiro, mudanças que o pensamento de esquerda não gosta de admitir.

---

[8] Como seria de se esperar, muita informação sobre Dilma Rousseff apareceu na grande imprensa. Mas a "primeira mulher na Presidência" atraiu pouca atenção se compararmos com o que foi veiculado sobre o primeiro operário presidente. Sobre Dilma, conhecemos somente a biografia de Ricardo Batista Amaral, *A Vida Quer é Coragem, A Trajetória de Dilma Rousseff*, Ed. Primeira Pessoa, Rio de Janeiro, 2012.

O FIM DO PODER MILITAR E A REDEMOCRATIZAÇÃO

O retorno dos militares à caserna e a volta do País a uma democracia representativa significaram também a retomada do poder pelos políticos. Tratou-se, contudo, de uma classe política modificada não só partidária, mas também socialmente, e que se modificaria ainda mais ao longo dos anos seguintes. Um exame dos novos atores que sob a Constituição de 1988 foram ganhando espaço na política brasileira revelaria que se trata notadamente de setores de classe média com escolaridade alta ou média, de categorias profissionais com sindicatos fortes que serviram de apoio para entrar e ascender na política: professores, bancários, funcionários públicos, advogados e médicos, geralmente com empregos no setor público. Pode-se aí incluir também membros das camadas trabalhadoras de elevada qualificação: metalúrgicos e petroleiros, majoritariamente.

A natureza social da elite política em ascensão, de classe média assalariada, tipicamente com emprego no Estado, ficou parcialmente eclipsada pela presença de muitos ex-diretores de sindicatos de trabalhadores fabris do setor privado na cúpula do partido que muito estrategicamente recebeu o nome de Partido dos Trabalhadores. A designação da legenda realçou mais o lado sócio-profissional do que o programático e o ideológico do novo partido. Desse modo, por um lado, contribuiu para reduzir o espaço das intermináveis discussões teóricas sobre a ideologia do recém-fundado PT; por outro, valorizou as lideranças sindicais ante os intelectuais de classe média dos pequenos grupos marxistas. Com isso, pareceu que a nova elite no poder era composta fundamentalmente por lideranças que vinham bem mais de baixo, do operariado.

Além da presença dominante de Lula, a existência de vários diretores de sindicatos de trabalhadores na formação do PT serviu também para reforçar a crença de que a nova organização seria basicamente de assalariados manuais. O nome – Partido dos Trabalhadores – foi útil também para a intelectualidade e políticos de esquerda vindos das classes altas e médias que aderiram ao PT. Mediante a adesão a um partido de trabalhadores, as origens de classe perdiam importância. A ideologia de esquerda obscurecia a condição social dos militantes e intelectuais de classe média. A aproximação e a proximidade com o retirante e operário davam caráter popular a políticos burgueses e pequeno-burgueses que militavam sob comando do líder operário.

Uma pesquisa mais ampla do avanço desses setores politicamente ascendentes de classe média assalariada e das camadas populares exigiria também examinar o processo de rotatividade no poder nas variadas instâncias de nosso complexo sistema político federativo. Esse procedimento implicaria avaliar os movimentos de ascensão e declínio das elites tradicionais nas esferas municipal, estadual e federal. Exigiria igualmente investigar suas diferenças regionais, uma vez que nos vários estados da Federação a rotatividade das elites políticas tem alcance diverso: maior nos estados desenvolvidos, menor nos mais atrasados.

O ideal seria um seguimento das mudanças na composição social do grupo político após cada eleição. Uma pesquisa de tal dimensão, todavia, significaria outro livro. Assim, de modo mais realista e modesto, limitamo-nos a considerar uma parcela dos profissionais da política: os deputados federais eleitos em outubro de 2010, para a 54ª Legislatura da CD (2011-2015). Entendemos que as conclusões relativas a esse órgão do legislativo federal indicam as tendências que estão em curso na política nacional. Mas, de modo mais limitado, oferecemos dados sobre a evolução do fenômeno da "popularização" em três legislaturas que precederam a atual, em curso no momento em que redigimos este livro.

CAPÍTULO I

A pesquisa

A CÂMARA DOS DEPUTADOS

Reunindo políticos com trajetórias variadas, vindos de meios sociais, regiões e partidos diferentes, a CD oferece um quadro representativo do grupo de profissionais da política que conseguiu ascender na vida pública brasileira. É por esse órgão que passa – e termina – grande parte das carreiras políticas. Para os objetivos do estudo das origens sociais do conjunto da classe política, parece a instituição mais adequada.

Além de sua importância político-institucional, a CD conta com 513 parlamentares eleitos por 27 colégios eleitorais de todas as unidades da Federação. Trata-se de um número elevado que cria um universo que possibilita cruzamentos com muitas variáveis. Além disso, é ocupada por políticos com trajetórias diversas (prefeituras, câmaras municipais e assembleias legislativas, geralmente). Permite, assim, a visualização ampla do quadro de mudanças políticas em regiões da Federação com características político-partidárias diversas. Por isso, a CD, por diferentes ângulos, tem atraído a maior parte das pesquisas dos cientistas políticos. A análise de sua composição social e da distribuição patrimonial de seus integrantes é uma boa indicação do peso das elites saídas de diferentes classes e setores do sistema político e da sociedade brasileira.

As declarações patrimoniais

O primeiro passo para um estudo sobre a composição socioeconômica da parcela da classe política que integra a CD deveria começar pelo exame do valor dos bens dos seus integrantes, ou seja, de sua renda. Por aí seria possível, com menor margem de erro, classificar seus integrantes por faixas de riqueza. Do ângulo que nos interessa, seria possível dimensionar o espaço ocupado pelas diferentes classes sociais no interior do mais importante órgão do poder legislativo brasileiro.

As declarações do Imposto de Renda seriam a melhor fonte. Acontece que elas não são acessíveis. Há, porém, um substituto que, se não revela exatamente a renda, mostra (ou deveria mostrar se corretamente informado) o valor do patrimônio de cada político que se candidata em alguma eleição.

Ao solicitar o registro de suas candidaturas, os candidatos aos diferentes cargos eletivos devem apresentar uma relação de seus bens com indicação do valor nos Tribunais Regionais Eleitorais das unidades da Federação por onde pretendem concorrer: são as Declarações de Patrimônio. Nela devem ser informados todos os bens do candidato: fazendas, ações, imóveis, automóveis etc.

A utilidade das Declarações como fonte de dados, como seria de se esperar, tende a levantar dúvidas. Pareceria muita ingenuidade de nossa parte acreditar que políticos experientes informariam corretamente o valor de sua riqueza, especialmente por não existir punição da Justiça Eleitoral ou de outros órgãos para os que não apresentam qualquer informação ou sonegam dados.

No caso da 54ª Legislatura que estamos focalizando, 19 deputados (3,7% da CD) não apresentaram declaração. Além deles, três outros, de famílias politicamente importantes e de classe alta, entregaram declaração, mas com valor patrimonial extremamente reduzido, atípicos, poder-se-ia dizer. A discrepância entre o valor extremamente modesto de seus bens, por um lado, e suas origens sociais, cargos públicos ocupados, atividades ocupacionais e carreira política, por outro, era muito forte. Se mantivéssemos os valores declarados nas declarações de bens nas correlações com outras variáveis (partido, profissão/ocupação etc.), provavelmente tenderíamos a aumentar o viés das conclusões.

Por isso, os três parlamentares não foram incluídos em todas as correlações e análises que envolvessem valor patrimonial. Permaneceram, porém, nas correlações com outras variáveis, como legenda partidária, profissão, região etc. No final, trabalhamos com um universo de 491 casos, 95,7% da CD.[9]

Há ainda outros exemplos de baixos valores patrimoniais informados por políticos com longo tempo na vida pública que parecem aberrantes. Contudo, não se pode saber se se trata de informações corretas, equivocadas ou falsas. De um ponto de vista

---

[9] Trata-se dos deputados José Francisco Paes Landim, do PTB/PI; João Lúcio Magalhães Bifano, do PMDB/MG; e Domingos Gomes de Aguiar Neto (PSB/CE). Paes Landim, professor universitário, formado em Direito pela UFRJ, vem de uma importante família de políticos do Piauí. Nasceu em 1937. Obteve pela primeira vez um mandato na CD em 1987 (na Constituinte). Desde então, elegeu-se deputado federal por cinco vezes consecutivas. Antes disso, em 1962, com cerca de 30 anos, havia sido eleito prefeito da cidade de Socorro (PI). Logo em seguida, em 1963, elegeu-se deputado estadual. Antes da primeira cadeira na CD, em 1987, ocupou numerosos cargos públicos importantes. (Fonte: CD). Declarou possuir um patrimônio de cerca de 7 mil reais, valor que o situa como o terceiro parlamentar mais pobre da Câmara Federal (Fonte: Fernando Rodrigues, *Políticos do Brasil*, Publifolha, São Paulo, 2006).
O deputado João Magalhães, pecuarista e cafeicultor, foi para a CD em 1996. Depois, elegeu-se mais quatro vezes seguidas para o mesmo órgão. (Fonte: CD). Declarou possuir um patrimônio de 46 mil reais em número redondo (Fonte: Fernando Rodrigues, *op. cit.*).
O deputado Domingos Gomes de Aguiar Neto, nascido em 1988, com curso superior incompleto, foi eleito com 23 anos para a CD. É filho do ex-governador do Ceará, Domingos Filho. Sua mãe, Patrícia Aguiar, atua também na política, tendo chegado a ser eleita prefeita de Tauá (CE). (Fonte: CD e Internet). Declarou um patrimônio de 53 mil reais. (Fonte: Fernando Rodrigues, *op. cit.*).

formal, o parlamentar pode ter passado seus bens a familiares ou a terceiros. Assim, efetivamente, teria um pequeno patrimônio. Seria uma tarefa hercúlea, muito além de nossas possibilidades, comprovar tanto a omissão de bens nas declarações patrimoniais como passagens de bens a familiares ou a terceiros, transferências que podem ser legais e legítimas, deve-se dizer. Muitos elementos, no entanto, dão indicações de que, de modo geral, as declarações são corretas ou muito próximas do valor dos bens efetivamente possuídos. Portanto, com exceção dos três casos referidos, os valores declarados pelos demais deputados foram aceitos e incluídos na análise. No final, o número total de Declarações Patrimoniais aproveitadas foi de 491 (95,7% do universo).

Os deputados que não declararam a relação de seus bens distribuíram-se por todas as legendas com variação de um a dois casos por partido. Por isso, não devem afetar significativamente os resultados.

Por região, o Norte e o Sudeste têm o maior número de deputados que nada informaram: oito casos cada. Em termos relativos, o dado é mais significativo para o Norte, se levarmos em conta que o número de cadeiras no total da região é de apenas 65 contra 179 do Sudeste. Na relação dos omissos, segue-se o Nordeste, com seis.[10]

Possivelmente, a maioria dos que não apresentaram a Declaração seja composta de deputados com altos patrimônios que não desejavam expô-los. Parece mais provável que os que têm poucos bens tenham menos problemas em divulgá-los, ao contrário do que seria de se esperar dos muito ricos. Contudo, muitos deputados enfrentaram o risco de eventual rejeição dos eleitores e declararam possuir patrimônio muito alto.

---

[10] Os três deputados com declarações atípicas foram agregados aos 19 que nada declararam.

É provável que os custos de ocultar dados sobre o valor do patrimônio variem segundo as características das bases eleitorais de cada político. Candidatos com base eleitoral composta por grande proporção de eleitores de escolaridade elevada e com mais informação sobre a política nacional provavelmente terão custos eleitorais mais elevados com a ocultação de informações sobre sua situação econômica, ou seja, com conduta reprovada eticamente. De todo jeito, para muitos casos, a revelação de um patrimônio alto não barrou a entrada na CD nem afetou negativamente sua permanência na vida política.

Em suma: as Declarações certamente contêm muitas lacunas e falhas. Além dos políticos que não prestaram informação alguma, há outro grupo minoritário que apresentou uma relação de bens muito abaixo do que seria lógico possuir tendo em conta os altos cargos públicos que ocuparam, suas origens familiares e seu longo tempo de vivência na classe política.[11]

Apesar disso, a favor do uso na pesquisa das declarações patrimoniais está a congruência da variável "valor de bens declarado" correlacionada a outros dados, como profissão e legenda partidária. Não há correlações inconsistentes ou incongruentes. Por exemplo: na faixa de patrimônio alto – elaborada a partir das declarações – preponderam os empresários e profissões de renda elevada. A imensa maioria dos deputados com alto patrimônio elegeu-se por partidos de direita ou de centro. No mesmo sentido, deputados que são grandes proprietários urbanos e rurais não foram encontrados nas legendas tidas como de esquerda.

De modo inverso, nas faixas de baixo patrimônio estão os deputados de profissões/ocupações habitualmente de baixa remuneração (servidores públicos, lavradores, operários etc.). Normal-

---

[11] Outro modo de reduzir a dimensão do patrimônio é declarar valores de bens desatualizados, às vezes tal como constavam de Declarações de Renda antigas.

mente, estão em partidos considerados de esquerda. Representam a elite política ascendente vinda mais de baixo, entre os quais muitos sindicalistas e pastores evangélicos.

Os resultados das correlações entre as variáveis valor patrimonial, profissão e partido são uma forma de controle da validade da fonte. São congruentes com outras variáveis. Se as lacunas e falhas nas declarações apresentadas fossem significativas, os resultados das correlações poderiam se distribuir ao acaso, de modo muito discrepante com o que se observa habitualmente na sociedade e na política: poderia haver, por exemplo, forte proporção de empresários nos partidos de esquerda e de ex-dirigentes de sindicatos de trabalhadores nos partidos de direita. Mas isso não aconteceu, fato indicativo de que as omissões nas declarações não devem ter sido muito grandes.

As fontes – os dados que usamos sobre riqueza dos parlamentares, quando não especificados, foram retirados do blog e do livro de Fernando Rodrigues, *Políticos do Brasil*.[12]

O jornalista da *Folha de S. Paulo* efetuou um amplo e minucioso levantamento do valor do patrimônio do corpo político brasileiro, da riqueza dos políticos, como disse. Os resultados estão à disposição dos interessados. Trata-se de uma imensa contribuição para a análise dos políticos brasileiros. Nós utilizamos os dados de seu levantamento reordenados para os objetivos da nossa pesquisa. Não seria preciso dizer, porém, que Fernando Rodrigues não tem qualquer responsabilidade por eventuais erros de nossa análise nem tampouco pelas teses que defendemos.[13]

---

[12] Publifolha, São Paulo, 2006.

[13] Já tínhamos usado as declarações patrimoniais para estudos dos deputados federais eleitos para a 51ª Legislatura (eleição de 1998). Estão em outro livro de nossa autoria (*Partidos, Ideologia e Composição Social*, Edusp, São Paulo, 2002). Contudo, nessa ocasião – apesar do apoio recebido do ministro Costa Porto, então presidente do TSE, e do Dr. Ney Andrade Coelho, secretário desse órgão –, alguns TREs recu-

Para outras informações de natureza biográfica usamos predominantemente dados da Câmara dos Deputados: idade, carreira, origens familiares, profissão, mandatos, cargos exercidos, etc. Outras vezes, recorremos à internet e aos blogs dos próprios deputados.

Resumo

O livro trata das mudanças na composição social da parcela da classe política na CD eleita em outubro de 2010. Entendemos que se acentuou a popularização da classe política brasileira. Um dos efeitos foi a redução do espaço ocupado pelas classes ricas e elites tradicionais nas estruturas de poder. O recrutamento para a classe política, dos que fazem da atividade política a sua profissão, começou a efetuar-se mais intensamente nas classes médias e em menor medida nas classes populares, no "povão". Os segmentos mais beneficiados foram aqueles onde existem sindicatos fortes, especialmente no setor público: professores, bancários, funcionários públicos, empregados de empresas estatais etc.

O resultado, em extensão e profundidade diferenciadas segundo as regiões do País, foi o recuo das velhas elites de proprietários rurais. Esses, contudo, apesar das perdas, conservaram forte poder em algumas regiões do país, Nordeste mais acentuadamente.

O exemplo mais paradigmático do recuo das classes altas nos organismos de poder foi a eleição por duas vezes de Lula para a Presidência da República.

Para o exame das transformações sócio-profissionais na composição da classe política tomamos como *locus* da pesquisa a Câ-

---

saram-se a fornecer as declarações dos deputados de seus estados. Além disso, diferentemente do levantamento do jornalista da *Folha de S. Paulo*, muito mais amplo, a pesquisa concentrou-se nos deputados dos seis maiores partidos na 51ª Legislatura: PSDB, PFL, PMDB, PP, PT e PDT.

mara dos Deputados, instituição que oferece uma boa amostra da classe política brasileira por ser formada de políticos originários de toda a federação com trajetórias eleitorais variadas.

A fonte de informação utilizada para a classificação por patrimônio foi a declaração patrimonial entregue nos TREs dos seus estados. Baseamo-nos, para tanto, nos dados da pesquisa de Fernando Rodrigues contidos no seu blog e no livro *Políticos do Brasil*.

CAPÍTULO II

Sobre alguns conceitos

Utilizamos, sem muito rigor, alguns conceitos da Sociologia e da Ciência Política, tais como os de classe política, elite, classe média, classe trabalhadora, setor popular, camada social. Algumas vezes no plural. Aproximamo-nos aqui do sentido que adquiriram na linguagem do dia a dia, que não é precisa. Mas também não o é na academia ou entre especialistas legítimos das Ciências Sociais. Na realidade, não há consenso quanto a conceitos que são essenciais aos trabalhos sociológicos, como o de classe, entre outras coisas porque a realidade social muda. Nem por isso a utilização de conceitos cuja definição se presta à discussão deixa de aumentar o nosso conhecimento sobre o mundo empírico.

Como notou Luís de Gusmão numa crítica ao que denomina de fetichismo dos conceitos: "A linguagem natural empregada em nossa vida quotidiana, *sem nenhum tipo de correção*, sem alterações objetivando torná-la mais exata, mais precisa, oferece, em larga medida, um vocabulário ajustado às necessidades da investigação social empiricamente orientada".[14]

Nesta pesquisa, o conceito de "classe" é empregado com certa liberdade, próximo do sentido usado na academia, mas sem preocupação com rigor conceitual. Resolvemos não gastar tempo num

---

[14] Luís de Gusmão, *O Fetichismo do Conceito*, Topbooks, Rio de Janeiro, 2012, p. 226, sublinhado no original.

esforço de definição rigorosa mesmo porque a definição correta e única não existe e seu conteúdo varia com os interesses, intenções e ideologia dos autores.

No caso do conceito de classe social, *e.g.*, Georges Gurvitch, então um dos mais conceituados sociólogos da sua época, realizou um levantamento exaustivo das definições de classes sociais elaboradas por diversos autores de prestígio.[15] Somente no campo do marxismo, na década dos cinquenta do século XX, o autor encontrou, além das definições que vem dos próprios escritos de Marx – que estão longe da precisão –, as de Engels, Kautsky, Lênin, Lukacs e Bukharin. Não são idênticas, embora tendam a definir as classes como vastos agrupamentos estruturados a partir de sua posição no sistema de produção. Mas acabam incluindo elementos ideológicos subjetivos que levam ao problema da classe em si e classe para si. No caso do leninismo, por exemplo, a classe operária só é classe quando se comporta como os intelectuais revolucionários entendem que deve se comportar. Necessita, portanto, de um componente subjetivo, ou seja, uma conduta revolucionária (anticapitalista) para se tornar verdadeiramente classe operária.

Estendendo o levantamento das definições para a sociologia acadêmica norte-americana, Gurvitch amplia ainda mais o rol das definições de classe. O resultado, ao longo do tempo, é uma ampla relação de definições que se aplicam a realidades coletivas diversas. De lá para cá, outras definições apareceram.

Neste livro, procuramos evitar o fetichismo do conceito apontado por Luís de Gusmão. Deixamos de lado qualquer pretensão de definição rigorosa de classe social. Uso o termo no sentido do senso comum seguido de adjetivo que indica segmentos de um conjunto social mais amplo: classe popular, classe média etc. O

---

[15] Cf. Georges Gurvitch, *El Concepto de Clases Sociales, de Marx a nuestros días*, Ediciones Galatea-Nueva Visión, Buenos Aires, 1957.

leitor saberá perceber que quando falamos em classe média (no singular) ou em classes médias (no plural) designamos realidades sociais um pouco diferentes, todas indicando estratos intermediários. No primeiro caso, porém, pretende-se ressaltar a coletividade mais ampla e, no segundo, segmentos sócio-profissionais dessa coletividade. Chama-se, pois, a atenção para as divisões internas dos setores sociais intermediários.

No sentido comum, e também mais próximo da academia, o conceito de classe social tem relação com categorias ocupacionais, como localização no modo de produção (na abordagem mais marxista) ou no sistema de estratificação social (numa terminologia mais próxima da sociologia empírica norte-americana). O conceito de classe tem, assim, uma "marca econômica", de algum modo referida a clivagens que decorrem de diferenças na profissão, ocupação, produção, ramo econômico, riqueza, níveis de consumo etc. Outras clivagens, como níveis e estilo de consumo, valores, entre outras, viriam como decorrência. Clivagens étnicas, religiosas, de gênero ou de região estariam excluídas.

Classe política

Ainda que não desejando enveredar por discussões teóricas, sentimos necessária uma referência ao conceito de classe política e de elite política que geralmente os marxistas e os próprios políticos olham de viés. Para os marxistas, classe seria sempre uma totalidade relacionada a posições no sistema produtivo do capitalismo privado. Estamentos burocráticos não seriam classes sociais. Por isso, um marxista como Leon Trotsky – diante de um novo fenômeno que seria o "estado operário degenerado" – não pôde aceitar que o grupo dirigente da economia estatal soviética fosse uma nova classe social. Embora de natureza muito especial, seria uma burocracia porque teria apenas o controle, mas não a propriedade das empresas estatais.

Igualmente, numa visão liberal-democrática, haveria alguma dificuldade para entender os políticos profissionais como classe com interesses próprios. Seriam expressão de interesses de outros. Teoricamente, do povo. Mais concretamente, dos eleitores.

O conceito de "classe política", como sabem os estudantes de Ciência Política, está associado ao nome de Gaetano Mosca. Apesar de empregar o termo classe política, Mosca o utiliza com significado de elite política, termo preferido por Vilfredo Pareto, junto com Robert Michels, o outro grande teórico das elites. Tratar-se-ia de minoria, ou de minorias, uma aristocracia, os mais poderosos, os melhores de cada agrupamento. Os atores relevantes que movem as sociedades seriam as elites, as minorias, e não as classes sociais, as maiorias.

Diz Mosca logo no início de seu principal trabalho, *A Classe Política*: "Em todas as sociedades existem duas classes de pessoas: a dos governantes e a dos governados. A que governa é sempre menos numerosa, desempenha todas as funções políticas, monopoliza o poder e desfruta das vantagens que vão unidas a ele".[16] Do prisma marxista, como dissemos, o conceito de classe só tem sentido se referido à localização de coletividades decorrentes das divisões no sistema produtivo, basicamente proprietários e operários assalariados que produzem mais valia.

Desse ângulo, efetivamente os políticos profissionais – por não estarem ligados à produção material, por não criarem mais valia nem dela se apropriarem – não poderiam ser uma classe social. Não teria sentido, portanto, falar em classe política. Mas sobraria um problema: como classificar os que vivem da política e são para

---

[16] Há muitas edições da obra de Mosca. A primeira é de 1896. O trecho citado é da edição do *Fondo de Cultura Económica*, p. 106, 1984.

isso remunerados? Abdicar de todo intento de classificação conceitual seria cair no nominalismo etremado: só existiriam as pessoas individuais dos políticos. A coletividade dos políticos não existiria. Ou, se existisse, não seria uma classe, apenas um grupo.

Contudo, uma vez que o pesquisador não se coloque no campo do marxismo, o termo classe política parece adequado e expressivo para indicar o conjunto ou grupo de pessoas eleitas com a função de administração do governo e do sistema de poder.

Seus membros realizam funções equivalentes embora não idênticas, partilham de um conjunto de características pessoais, de formas de comportamento semelhantes, de habilidades e interesses, fazem da atividade política a sua profissão, seu meio de vida. Por isso recebem, de fato, um salário e um conjunto de benefícios maiores aos que outras atividades proporcionam. Podemos designar essas pessoas de políticos profissionais, de grupo dos profissionais da política ou de classe política. Tanto faz. Não muda o fato de que vivem da política. E não poderia ser diferente nas democracias de massas.

A classe dos políticos profissionais nas democracias de massa é um agrupamento formalmente aberto. Está sujeito à entrada (e saída) de pessoas provenientes de diferentes meios ocupacionais. Há sempre alguma rotatividade nos cargos e funções que decorre de derrotas eleitorais, de nomeações para outros cargos e atividades no estado ou, em menor escala, de abandono da política. Mas a taxa de rotatividade é baixa no interior da classe política como um todo. O número dos que nela desejam entrar é sempre muito maior do que os lugares disponíveis. As vantagens que a atividade política vitoriosa oferece são muitas. Os que nela conseguem entrar procuram nela permanecer por toda vida útil. Nem sempre conseguem, mas quando sofrem uma derrota a solidariedade de classe logo atua para amparar o desempregado com oferta de algum cargo, no setor público geralmente.

Apesar de formalmente aberta a todos os cidadãos, a entrada no seleto grupo dos profissionais da política, como em outras profissões, encontra barreiras. É necessária a posse de alguns recursos que, no transcorrer deste trabalho, chamaremos de trunfos.

As disputas pelo poder intraclasse levam a conflitos que ocultam a existência de interesses comuns, compartilhados por todos os políticos, mesmo sendo de partidos opositores, às vezes, na aparência, inimigos ferozes. Apesar disso, interesses comuns existem (e até mesmo uma "consciência de classe"). Eles unem todos os membros da classe política na defesa de benefícios materiais e simbólicos comuns. O cenário ótimo para o poder dos políticos é dado pelo regime democrático representativo. A destruição da democracia competitiva, não importa por que meio, levaria os políticos profissionais a uma posição ancilar diante de outras categorias e grupos sociais.[17] Do mesmo modo, lideranças populistas, vocacionadas para práticas plebiscitárias, que obtém sua força da ligação direta com as massas, também diminuem os poderes da classe política como um todo. (Na verdade, frequentemente, advém sua popularidade da crítica aos "políticos corruptos" e ao sistema partidário).

Na América Latina, as ameaças à classe política não vêm de teocracias como no Oriente Médio, mas de tentativas revolucionárias de esquerda e de regimes dominados por militares. Os regimes ideais para a classe política são as democracias representativas estáveis com um poder legislativo autônomo. É a melhor combinação para ampliar a influência dos políticos no sistema de poder, en-

---

[17] Foi o que aconteceu, por exemplo, depois de 1964. Os generais se apropriaram do poder e relegaram o conjunto da classe política a uma posição subordinada. Com isso, políticos que entre si, na democracia, pareciam adversários ferrenhos, como Carlos Lacerda, João Goulart e Juscelino Kubitschek, uniram-se contra o regime militar para reclamar o retorno ao regime representativo, ou seja, o retorno do poder para eles mesmos.

fraquecer os militares, o poder econômico e também a influência de massas dirigidas por minorias radicais que gostam de levar os conflitos para as ruas, para o campo da ação e não da discussão. Por isso, se todos os demais fatores forem iguais, para os profissionais da política regimes parlamentaristas são mais vantajosos do que os presidencialistas.

Além da conduta pouco cívica de membros da classe política, os benefícios legais e ilegais usufruídos pelo conjunto dos profissionais da política fazem com que, paradoxalmente, os políticos sejam em toda parte avaliados negativamente pelos que os elegem. Em todas as democracias, o termo político profissional ou profissional da política carrega uma carga pejorativa, até mesmo entre os cidadãos que não trocariam o regime democrático por outro de tipo autoritário ou totalitário.

Ocorre que democracia representativa e classe política são entidades mutuamente dependentes: a democracia é o governo dos políticos, definiu Schumpeter há algum tempo. Regimes democráticos inevitavelmente geram uma carreira ligada à competição pelo voto. O regime representativo cria os profissionais da política.[18] O político profissional típico é eleito. Adquire postos na vida pública pelos votos dos eleitores. Participa de uma competição decidida formalmente, no final, pela quantidade relativa de voto.

Foi a massificação do sistema eleitoral que propiciou a formação da classe dos profissionais da política. Nas democracias de massa, os que mandam não são os notáveis, os ricos, os membros da elite. São os eleitos para isso, as pessoas comuns. Desse modo, como notou Weber no seu trabalho já clássico, "abrem-se os caminhos

---

[18] Joseph Schumpeter, *Capitalismo, Socialismo e Democracia*, Zahar, Rio de Janeiro, 1961 (1ª ed. americana: 1943), cap. 22, "Mais uma Teoria da Democracia", especialmente pp. 316 e 347.

para o poder a pessoas sem fortuna e, nesse caso, a atividade política exige remuneração".[19]

A figura do profissional da política está ligada não à democracia com participação restrita (de tipo oligárquico), mas à democracia com participação total que abre as portas de entrada ao poder para membros das classes médias e baixas. A democracia de massas proporciona aos ex-plebeus metamorfoseados em povo muitos trunfos para disputar um lugar ao sol com os detentores do capital e da propriedade. Um dos efeitos da massificação é o fortalecimento das máquinas eleitorais e a formação, sob distintas formas, de uma rede de funcionários partidários remunerados, geralmente recrutados das classes médias ou trabalhadoras.[20]

Mas, nas condições brasileiras, diferentemente do entendimento de Angelo Panebianco em sua obra monumental sobre os partidos políticos, parece-nos mais apropriado (pelo menos no caso brasileiro) não incluir os funcionários das estruturas partidárias como membros da classe política.[21]

Para Panebianco, o funcionário partidário seria uma subespécie de político profissional. Na sua definição, "o profissional da política é simplesmente quem dedica toda a sua vida, ou uma grande parte da atividade profissional, à política e tem nela seu principal meio de sustentação. Um líder de partido é um profissional da política". Entre nós, porém, as máquinas partidárias são frágeis; os dirigentes

---

[19] Max Weber, *Le Savant et le Politique*, Plon, Paris, 1959, pp. 114-5. (1ª ed. em alemão: 1919).

[20] Atento, já em 1919, aos reflexos da massificação na vida partidária alemã, observou Max Weber: "Atualmente, são os postos de toda espécie nos partidos, nos jornais, nas cooperativas, nas caixas de pensão, nas municipalidades ou na administração do estado que os chefes dos partidos distribuem aos seus partidários por seus bons e leais serviços. Todas as lutas partidárias não são unicamente lutas para fins objetivos, mas são também e principalmente rivalidades para controlar a distribuição dos empregos". Max Weber, *op. cit.* p. 115.

[21] Angelo Panebianco, *Modelos de Partido*, Alianza Editorial, Madri, 1990, p. 419.

dos partidos significativos são geralmente parlamentares. A "subespécie" definida por Panebianco é muito débil. Poucos – com alguma exceção para chefes e dirigentes de partidos de esquerda, como o PT – ascendem na política por meio da militância partidária *stricto sensu*.[22]

Prefeitos e vereadores de municípios muito pequenos têm maior probabilidade de conciliar a atividade profissional remunerada – anterior à entrada na política – com a atividade pública. Os muitos ricos, ainda que se dediquem intensamente à política e concorram com êxito a postos representativos em sucessivas eleições, igualmente não retiram a maior parte de sua renda da atividade política. Mas, em razão de consagrarem mais tempo à vida pública obtida por via eleitoral, entendemos que devem ser incluídos na classe dos políticos profissionais.

Nessa coletividade, porém, estariam mais tipicamente os que abandonam a profissão para viver unicamente do que auferem da atividade política. Geralmente são pequenos empresários, profissionais liberais (advogados e médicos, principalmente), sindicalistas, professores, bancários, empregados de escritórios, cidadãos que conseguiram trocar a profissão original pela atividade política, muito mais agradável e lucrativa, embora talvez, em certos momentos, mais cansativa.

Quantos são no Brasil de hoje os membros dessa classe de profissionais da política que nos governam? Fernando Rodrigues calculou em 1.871 os políticos eleitos nos níveis federal, estadual e distrital. Além deles, haveria 5.562 prefeitos e 51.819 vereadores. No total seriam 59.252 (outubro de 2004).[23]

---

[22] Pequenos partidos de esquerda podem, no entanto, servir de instrumento inicial de ascensão para os desprovidos de outros trunfos.

[23] Fernando Rodrigues, *op. cit.*, p. 31. O jornalista alerta para pequenas variações no número de vereadores. Tendo em conta essas variações, seu número estaria em torno de 51,8 mil. Mais informação em *Políticos do Brasil*, *op. cit.*

O total de eleitores, nesse mesmo ano, era de aproximadamente 120 milhões, ou seja: o total dos políticos seria 0,05% do corpo político. Alguns setores da classe política, como deputados federais e senadores, têm muito poder e influência. Outros, como os vereadores das pequenas cidades, muito pouco. Não é diferente do que acontece em outras democracias. E não poderia ser de outro modo, pois não mais estamos na época da democracia direta das cidades-estado gregas.

A existência de uma minoria de políticos no oceano de eleitores remete para a tese das minorias governantes, ou das elites dominantes, ou dos melhores em cada instituição, partido, grupo social e profissional etc. O termo elite política surge imediatamente e nos leva aos teóricos das elites, a começar pelos italianos.

O conceito de elite política generalizou-se depois dos trabalhos de Vilfredo Pareto e Gaetano Mosca. As classes *ricas* seriam uma elite, uma aristocracia que deteria dinheiro e poder. É na acepção da minoria dos ricos e dominantes, distantes do povão, que o termo elite é comumente usado. Pode servir também para designar os melhores de cada coletividade. Nas disputas políticas, em democracias de massas, tem sentido pejorativo. É comumente utilizado pelas elites ascendentes de origens plebeias contra as elites estabelecidas, dos patrícios.

Esquerda, centro e direita

Tal como os conceitos de elite e de classe social, essas três classificações que usaremos mais adiante para caracterizar ideológica e programaticamente os partidos prestam-se à discussão. Pode-se argumentar que no mundo globalizado, da sociedade de serviços, de classe média, em que o saber seria a mola da ascensão social, melhor seria, do ponto de vista heurístico, aposentar definitivamente os conceitos de direita, centro e esquerda. Em princípio, seria nossa opinião. Mas acontece que os conceitos de esquerda, centro e direita continuam a ser úteis para rápidas e esquemáticas classificações de correntes e regimes, mesmo que provavelmente não resistam a uma discussão mais aprofundada, em particular quando se tratar de com eles caracterizar regimes concretos, especialmente o "socialismo realmente existente" (ou inexistente).

Neste trabalho, de natureza empírica, não seria o caso de entrar no terreno movediço da discussão conceitual sobre classificações ideológicas. Não agregaria muita informação sobre nosso objeto de pesquisa. Mas, apesar disso, como os termos esquerda, centro e direita continuam em uso (mesmo que sofrendo modificações), não podemos abandoná-los. Assim, sentimos necessidade de oferecer um mínimo de explicação sobre seu conteúdo. Para tanto, explicitamos que foram classificados como de esquerda os partidos e tendências políticas que, no plano econômico, são favoráveis a maior interferência e controle estatal na sociedade, na economia e na vida cultural. No plano político, seriam favoráveis a sistemas de partido único, complemento necessário de uma economia estatal centralizada e de comando único.

De modo oposto, seriam de direita os partidos e correntes políticas que tendem para economia de mercado, para a propriedade privada, para a liberdade de iniciativa empresarial, ou seja, maior liberalismo econômico. No plano político, os regimes políticos que habitualmente acompanham a predominância do mercado, são regimes representativos pluripartidários, democracias representativas.

Maior ou menor presença dessas duas variáveis indicaria o "grau de esquerdismo" ou de "direitismo" dos partidos. Os partidos de centro estariam em posições intermediárias, para dizer esquemática e rapidamente.

Trata-se de uma abordagem muito sumária a qual se poderiam acrescentar muitos outros elementos que caracterizariam regimes de esquerda: mobilização de massas, centralismo burocrático, ideologia única, endeusamento dos chefes, rejeição do pluralismo, controle policial, militarismo, uso da violência física contra os adversários (definidos como inimigos) e, depois da I Guerra, nacionalismo.[24] Mas estatismo e partido único sempre estão na base de todos os demais elementos definidores de esquerdismo. Por isso, os partidos que defendiam economias de estado, de tipo soviético, eram tidos como de esquerda; os que defendiam regimes de mercado, eram de direita. Simplificando: quanto mais estatismo e unipartidarismo, mais de esquerda; quanto mais mercado e democracia representativa, mais de direita.

Na pesquisa sobre os governos de esquerda da América Latina que seguiram as ditaduras militares, Steven Levitsky e Kenneth M. Roberts chamam a atenção para dois pontos diferenciadores da esquerda socialista tradicional. Por um lado, a estatização integral teria sumido do campo teórico e prático da esquerda; por outro, a nova esquerda teria ampliado seu campo de representação com a incorporação de questões e de grupos de fora do sistema de produção e da classe operária: defesa de etnias marginalizadas, de gênero e de outros grupos marginais, como homossexuais e lésbicas.[25] No caso brasileiro, poder-se-ia pensar também nos quilombolas e índios.

No final, tomando como referência a combinação de maior ou menor inclinação pelo estado e de preferência por formas de

---

[24] Esses elementos definidores da esquerda de tipo bolchevista são também os do fascismo italiano, nacionalista, estatista, corporativo, mas não inimigo da propriedade privada e do "capitalismo produtivo". O aparecimento do fascismo – a direita revolucionária, no dizer do pesquisador israelense Zeev Sternhell – complica análises e definições. A esquerda, como se sabe, até a Primeira Guerra era tradicionalmente internacionalista.

[25] Cf. Steven Levitsky e Kenneth M. Roberts, "Latin America's Left Turn" *in*: Steven Levitsky e Kenneth e M. Roberts (eds.), *The Resurgence of the Latin America Left, op. cit.* p. 5.

democracia direta e mobilizadoras, chegamos a uma classificação ideológica dos partidos brasileiros que se aproxima da que cientistas políticos, jornalistas, políticos e opinião pública entendem como sendo esquerda, centro e direita.[26] Não é algo preciso, mas serve aos propósitos da parte desta pesquisa que procura mostrar a relação entre a definição ideológica dos partidos, sua composição social e a ascensão dos segmentos sociais vindos das classes médias e populares, a base social da nova elite antielite.

Resumo

Usamos sem muito rigor os conceitos de classe política, elite política, classe social e outras categorias que retratam as divisões no sistema de estratificação da sociedade. A classe política, no sentido em que usamos o termo, estaria composta pelos que vivem da política e ao longo do tempo fazem dela seu modo de vida. Entendemos que a consolidação de uma classe política, de profissionais da política, decorre da constituição de democracias de massa que abrem também espaço para a ascensão política de lideranças vindas das classes médias e populares.

Até o aparecimento do fascismo e de movimentos nacionalistas, a massificação da vida política beneficiou a esquerda socialista e os movimentos de mobilização de tipo populista. As tendências políticas que agitavam bandeiras sociais e eram favoráveis ao maior intervencionismo estatal tenderam a ser beneficiadas pela massificação das disputas partidárias.

---

[26] Há certa convergência na classificação ideológica das legendas. Veja-se César Zucco Jr., "Esquerda, Direita e Governo", e Kevin Lucas e David Samuels, "A 'Coerência' Ideológica do Sistema Partidário Brasileiro", 1990-2009, *in* Timothy J. Power e Cesar Zucco Jr (orgs.), *O Congresso por ele mesmo*, Editora UFMG, Belo Horizonte, 2011.

CAPÍTULO III

Desigualdades na Casa do Povo

Referida algumas vezes como a Casa do Povo, a CD – apesar do aumento de deputados vindos "mais de baixo" – não é uma instituição que poderia apropriadamente ser chamada de popular. Mas também está longe de ser composta predominantemente por milionários ou por membros "das elites". Ainda que expressivos, os muitos ricos são uma minoria. Um dos efeitos da existência de um grupo de deputados milionários ao lado de outro de classe média e popular é, entre outras, a acentuada desigualdade socioeconômica no interior da CD.[27]

O valor patrimonial médio dos membros da 54ª Legislatura é de R$ 2,4 milhões (em números redondos e em valores de 2010).[28] Para a imensa maioria dos brasileiros, esses valores devem parecer uma fortuna. Assim também deve parecer para a grande maioria dos membros da própria CD. Mas essa média é influenciada pelo altíssimo valor do patrimônio de uma minoria de deputados que poderiam ser tranquilamente definidos como bilionários. A conse-

---

[27] É evidente que existem muitas outras desigualdades, das quais o nível de educação, a etnia e da origem familiar e poder estão entre as principais. Mas essas desigualdades, contudo, não são temas desta pesquisa.

[28] Os limites dos patrimônios vão, em números redondos, de um mil real (valor declarado pelo deputado Marcelo Aguiar (PSC/SP), a 144 milhões (valor declarado pelo deputado João Lyra, PTB/AL). Marcelo Aguiar está em começo de carreira. Foi eleito pela primeira vez para a CD nessa 54ª Legislatura. Antes, foi vereador paulistano pelo PSC (Fonte: CD).

quência é um desvio padrão 3,9 vezes superior ao da média. Contudo, se o valor do patrimônio dos vinte mais ricos fosse colocado de lado, a média cairia para R$ 1.222.000. Se excluíssemos os 50 mais ricos (patrimônio entre R$ 3.334 mil e R$ 144.363 mil), a média cairia para R$ 935 mil, uma diferença de R$ 1.504.000. Os números são indicativos da enorme discrepância de renda no interior da CD.

TABELA III - I
Médias patrimoniais na cd (★)

Patrimônio	Valores (R$)
Patrimônio médio dos 491 deputados	2.439.713,42
Patrimônio médio excluindo os 20 mais ricos	1.222.413,49
Patrimônio médio excluindo os 50 mais ricos	935.321,54
Total do patrimônio dos 491 deputados	1.197.899.291,56

(★) Estão excluídos dos cálculos 22 deputados pelos motivos já declarados.

Outras indicações das discrepâncias de renda entre os deputados podem ser percebidas quando examinamos a distribuição do valor patrimonial do total da CD.

Cerca de 60% dos deputados afirmaram possuir bens até um milhão de reais. Trata-se da faixa que concentra o maior número de deputados. Os políticos que a integram poderiam ser classificados como de classe média, aí incorporados todos os segmentos que estariam numa situação intermediária entre os mais ricos e os mais pobres.

No grupo dos ricos – assim entendidos os que declaram possuir valor patrimonial acima de quatro milhões de reais, valores de 2010 – há 46 casos (9,3% do total da CD).[29]

---

[29] Tomou-se como base de cálculo não o universo da CD, mas apenas os 491 deputados que forneceram a declaração de bens.

Se considerarmos como milionários os deputados com patrimônio de valor acima de dez milhões de reais, encontraríamos somente dezesseis casos (3,3%). Contudo, de modo mais realista, o número de membros desse grupo deve ser mais elevado em razão da possibilidade de muitos deputados terem rebaixado o valor de seus bens ou deixado de declará-los.

TABELA III - II
Distribuição patrimonial na CD (★)

Valor do Patrimônio	n	%
Até 1 milhão	296	60,3
Mais de 1 milhão a dois milhões	85	17,3
Mais de 2 milhões a 4 milhões	64	13,0
Acima de 4 milhões	46	9,4
Total	491	100,0

(★) Inclui deputados que foram reempossados depois de recorrer da cláusula da Ficha Limpa. Não entraram no cálculo 19 deputados que não declararam o patrimônio e mais os três com declarações atípicas (22 no total).

Como se observa na tabela acima, é na faixa patrimonial de até um milhão de reais que se acha a grande maioria dos casos. Entre eles, há 31 deputados que declararam um valor de patrimônio inferior a cem mil (6,3% da CD), isto é, os mais pobres, excluindo-se os três deputados com declaração atípica, já mencionados em nota na Introdução.

Focalizadas essas diferenças na posse de bens em termos sociais, obtém-se a distribuição dos deputados por classe social exposta no quadro seguinte. Não é preciso dizer que se trata de uma construção sociológica relativamente arbitrária. Classes não são definidas apenas pela dimensão da renda, como se sabe.

A dificuldade de demarcação em termos de classe social reside na escolha dos pontos de corte, isto é, dos limites das faixas do valor patrimonial escolhidos para o estabelecimento das fronteiras de cada classe. Os pontos de corte determinam também o número de casos, isto é, sua importância dentro da CD. Alguns reais mais para cima ou mais para baixo alteram o número de casos. Estamos, pois, no terreno movediço do que "parece ser".

Mas a nossa construção, ainda que relativamente arbitrária, não é absurda. Não fere a percepção habitual das divisões sociais na sociedade. Os parâmetros seriam visivelmente equivocados se levassem a classificar como classe média políticos que possuem patrimônio acima de dez milhões de reais (valores de 2010, relembremos), ou ainda, como de classe alta ou rica, políticos com bens em valor inferior a cem mil reais.

Desse modo, a definição das classes, a escolha de suas fronteiras e a distribuição das frequências no seu interior não se afastam demasiadamente da percepção habitual que as pessoas têm da estratificação social na sociedade brasileira. Quando se afirma que alguém é de classe média, não é preciso muita sofisticação conceitual para ficar entendido que não faz parte das classes altas, por um lado, ou das classes populares, por outro.

Patrimônio e classe social

Com patrimônio de valor inferior a 200 mil reais, há 53 deputados (10,8% da CD).[30] Foram definidos como sendo de classe média baixa. Entre 200 mil e um milhão, estão 243 deputados (49,5% da CD). Foram definidos como de classe média média. Entre mais de um milhão até dois milhões, há 85 deputados (17,3% da CD). Foram definidos como sendo de classe média alta. Entre mais de dois mi-

---

[30] Todas as porcentagens referentes a valor de patrimônio foram calculadas com base em 491, número de deputados sobre os quais obtivemos informação.

lhões até dez milhões, há 94 deputados (19,1% da CD). Foram definidos como classe alta ou rica. Finalmente, com patrimônio superior a dez milhões de reais há um pequeno grupo de 16 deputados (3,3% da CD), que poderiam ser definidos como multimilionários.

TABELA III - III
Classe e patrimônio

Classe	n	%
Média baixa (menos de 200 mil)	53	10,8
Média média (200 mil a 1 milhão)	243	49,5
Média alta (+ de 1 a 2 milhões)	85	17,3
Alta (+ de 2 a 10 milhões)	94	19,1
Milionários (+ de 10 milhões)	16	3,3
Totais	491	100,0

Pequenas alterações nas fronteiras de cada classe não alterariam a conclusão de que a distribuição patrimonial mostra uma CD composta predominantemente de várias camadas de classe média. Se estamos certos, teríamos uma instância do nosso sistema político em que, tanto os mais pobres (com patrimônio inferior a cem mil reais), como os milionários (patrimônio acima de 10 milhões) seriam minoritários.[31]

A tabela anterior sobre a distribuição patrimonial e sua transposição em termos de classe social é uma fotografia de um momento. Nada revela das origens familiares, da situação econômica anterior à chegada na 54ª Legislatura ou de antes da entrada na carreira política. Ou seja, não informa a trajetória socioeconômica

---

[31] O número de milionários é provavelmente mais elevado do que os 16 casos apontados na Tabela III-III. Lembremos que 19 parlamentares não informaram o valor do patrimônio e os outros três declarações atípicas que não foram contabilizados. Nesse grupo, podem existir milionários. Podem existir também casos de deputados que rebaixaram o valor dos bens declarados.

nem de que meio social vieram os deputados. Esquematicamente, três situações principais poderiam ser imaginadas:

i) Para os que informaram montante de riqueza que os coloca na faixa dos milionários, é pouco provável que tivessem amealhado o alto patrimônio depois da entrada na vida política, o que não impede que o tenham aumentado. Eram de famílias de classe alta, muito ricas e com poder político. Já seriam milionários quando se tornaram políticos. A atividade pública pode ter elevado o valor de seus bens, mas provavelmente não foi responsável por colocá-los na classe dos muito ricos. O objetivo primordial do ingresso na vida pública, nesses casos, parece ser antes a manutenção do poder político familiar e o controle de partes importantes da administração pública do que a acumulação do capital econômico que costuma acontecer como decorrência "natural" do poder político. É possível que a mola básica tenha sido a ambição política de que nos fala J. Schlesinger, o desejo de ascender nas estruturas de poder que caracteriza os políticos de todo o mundo.[32]

ii) Para os que vieram muito mais debaixo, de famílias de baixa renda, a atividade política lhes assegurou status superior aos dos pais. Se assim for, a composição da CD é mais popular do que deixaria supor o valor patrimonial exposto na Declaração. A popularização da classe política como um todo estaria, desse modo, mais avançada do que o mero dado da situação financeira do momento da candidatura para a 54ª Legislatura deixaria supor.

iii) Nos casos das faixas de renda intermediárias, a trajetória socioeconômica dos parlamentares é mais difícil de detectar do

---

[32] Joseph Schlesinger, *Ambition and Politics*, Rand McNally & Company, Chicago, 1966.

que no caso dos que vieram mais de baixo ou de cima. Podem ter acumulado bens já antes de entrar para a classe política. Se assim for, o número de parlamentares vindos da baixa classe média seria mais elevado do que indicaria seu patrimônio atual, ampliado pela atuação política.

Desse modo, mesmo aceitando que os valores informados não estejam subestimados, o montante do patrimônio só é um indicador seguro dos meios sociais de origem nos casos dos que já eram muito ricos antes de entrar na política, ou seja, vieram de famílias ricas. Os demais podem ter acumulado depois da entrada da vida pública.

É pouco provável que existam muitos casos de políticos que, nessa fase de política de massas, tenham declinado economicamente ao entrar para a CD. O valor do patrimônio por meio do qual classificamos os parlamentares em classes sociais, nos casos dos que têm mais de uma legislatura, contém os possíveis e prováveis acréscimos de patrimônio obtidos antes e depois de estarem na CD. Desse modo, *em termos de suas origens sociais*, o status "médio" que os valores na Tabela III – III sugerem, devem estar alguns degraus abaixo. Mais realisticamente, tem-se uma instituição legislativa composta de pessoas de origem familiar mais popular ou mais de classe média do que indicaria o valor dos patrimônios declarados nas candidaturas para a 54ª Legislatura.

O caso de Lula – o maior símbolo de ascensão e a melhor expressão da nova elite de origem popular – é um bom exemplo. De uma família paupérrima, como se sabe, ascendeu socialmente quando obteve emprego numa indústria de São Paulo. Ou seja, ascendeu ao se tornar operário, trajetória que escapa inteiramente dos esquemas marxistas. A ascensão social continuou quando o ex-retirante passou a integrar a diretoria do Sindicato dos Trabalhadores das Indústrias Metalúrgicas, Mecânicas e do Material Elétrico de S. Bernardo (daqui para frente, apenas Sindicato dos Metalúrgicos de S. Bernardo). Ascendeu ainda mais quando foi eleito deputado federal em 1982. O patrimônio da época da primeira eleição para a CD não é, pois, indicação de seu status familiar original.

Convém notar que 182 deputados (35,5% da CD) têm apenas uma legislatura; 124 estão na segunda; 73 na terceira; 112 têm quatro ou mais. O número elevado de estreantes ao lado de outros veteranos, com mais de quatro legislaturas (112 deputados, 21,8% do total da CD) introduz também mais uma diferenciação na composição desse órgão. Os que têm mais legislaturas, os veteranos, tendem a ser mais ricos do que os calouros.

Dos 182 estreantes, 120 (65,9% do grupo) declararam patrimônio inferior a um milhão de reais. Pode-se deduzir, assim, que ainda que não fossem pobres, não eram milionários quando se elegeram deputado federal. A maioria desse grupo de calouros na função de deputado federal (mas não na política) que chegou à CD estaria na classe média, até mesmo, como mostraremos, na classe média baixa.

Em contraposição, 14 políticos com bens no valor superior a quatro milhões, multimilionários, estavam fazendo sua estreia na CD. Portanto, chegaram ricos. Mas não sabemos se eram ricos quando entraram na vida pública ou se tinham bens de família acumulados em outros negócios privados. Não se pode excluir que tenham aumentado o patrimônio em outras funções políticas eletivas antes de 2011.[33] São 2,9% dos deputados cujo valor patrimonial foi localizado.

---

[33] Há, em Fernando Rodrigues (*op.cit*), uma análise detalhada da riqueza da classe política brasileira (vereadores excluídos). Para melhor controle das variáveis, o jornalista da FSP considerou apenas 548 políticos eleitos em 1998 e reeleitos em 2002 para a CD ou outras casas do sistema político. Foram deixados de lado aqueles para os quais não havia declarações de bens disponíveis e completas. Também foram deixados de lado os que tinham sido eleitos pela primeira vez, fato que não permitia comparação entre as duas situações. Entre uma eleição e outra, Fernando Rodrigues mostra que o valor patrimonial desses políticos teve um aumento de 14,6% acima da inflação. Cf. *Políticos do Brasil*, pp. 48-49.

Esses dados reforçam a hipótese de que o status de origem de grande parte dos membros da 54ª Legislatura é mais baixo do que parece pelo simples exame das declarações patrimoniais atualizadas. Seriam políticos que aumentaram o valor de seus bens depois de entrar para a vida pública e teriam continuado a aumentá-los conforme o tempo que aí permaneceram.

Vê-se na Tabela III – IV A e B que 44,6% dos deputados com quatro ou mais legislaturas declararam patrimônio de valor inferior a um milhão de reais, fato que sugere que vieram de camadas médias e não conseguiram elevar significativamente a dimensão de seus bens.

TABELA III - IV - A
Patrimônio por número de legislaturas (análise vertical)

Faixa de patrimônio	Legislaturas							
	Uma	%	Duas	%	Três	%	Quatro ou mais	%
até 1 milhão de reais	120	65,9	79	63,8	47	64,5	50	44,6
+ de 1 a 2 milhões	28	15,4	23	18,5	13	17,8	21	18,8
+ de 2 a 4 milhões	20	11,0	15	12,1	8	10,9	21	18,8
acima de 4 milhões	14	7,7	7	5,6	5	6,8	20	17,8
Totais	182	100,0	124	100,0	73	100,0	112	100,0

TABELA III - IV - B
Número de legislaturas por patrimônio (2010)
(análise horizontal)

Faixa de patrimônio	Legislaturas								Totais	
	Uma	%	Duas	%	Três	%	Quatro ou mais	%		
até 1 milhão de reais	120	40,5	79	26,7	47	15,9	50	16,9	296	100
+ de 1 a 2 milhões	28	32,9	23	27,1	13	15,3	21	24,7	85	100
+ de 2 a 4 milhões	20	31,3	15	23,3	8	12,5	21	32,9	64	100
+ de 4 milhões	14	30,4	7	15,2	5	10,9	20	43,5	46	100

A DISTRIBUIÇÃO PATRIMONIAL POR REGIÕES

O avanço dos políticos das classes médias não ficou restrito às regiões mais desenvolvidas, como poderia parecer à primeira vista. Apesar da continuidade de políticos de clãs oligárquicos nas estruturas de poder, especialmente no Nordeste, novas elites políticas de classe média, em todo o Brasil, ascenderam na CD. Entre eles, há alguns de muito baixo patrimônio.

Considerando os dados dos parlamentares dos quais se obteve informação sobre o valor dos bens, em termos proporcionais o Centro-Oeste é a região com maior número de milionários. É a região que tem, proporcionalmente, menos parlamentares na faixa de renda inferior a um milhão e mais políticos na faixa acima de quatro milhões. No Centro-Oeste, na faixa inferior a um milhão de reais, estão 48,7% dos deputados da região. Na mesma faixa, o Sudeste tem 57,3%, o Nordeste, 61,4 %, o Sul 63,6% e o Norte, 70,1%.

Focalizando apenas os mais ricos, com patrimônio superior a quatro milhões, o Centro-Oeste é a região com a maior proporção de casos: 17,1%. O Nordeste vem em seguida, com 13,1%, seguido do Sudeste com 7,0%, do Sul, com 6,5%, e do Norte, com 5,3%. São indicações gerais que indicam a distribuição da riqueza por região no interior da CD. Mas não sabemos, como já dissemos, quantos acumularam por meio da própria atividade política e quantos já possuíam alto patrimônio antes de ocuparem cargos públicos.

TABELA III - V
Região vs. patrimônio

Patrimônio	Norte		Nordeste		Sudeste		Sul		Centro Oeste	
Menos de 1 milhão	40	70,1	89	61,4	98	57,3	49	63,6	20	48,7
de 1 a 2 milhões	12	21,1	18	12,4	39	22,8	12	15,6	4	9,8
Mais de 2 milhões 4 milhões	2	3,5	19	13,1	22	12,9	11	14,3	10	24,4
Mais de 4 milhões	3	5,3	19	13,1	12	7,0	5	6,5	7	17,1
Total	57	100	145	100	171	100	77	100	41	100,0

A distribuição da riqueza por região pode ser visualizada mais facilmente na tabela seguinte, que repete os dados da tabela anterior, mas considera apenas dois grupos opostos:

i) Deputados com patrimônio abaixo de um milhão; e
ii) Deputados com patrimônio acima de quatro milhões.

TABELA III - VI
Menor e maior patrimônios vs. região

Patrimônio	Norte	Nordeste	Sudeste	Sul	Centro Oeste
Menos de 1 milhão	70,2	61,4	57,3	63,6	48,8
Mais de 4 milhões	5,3	13,1	7,0	6,5	17,1

Resumo

Apesar de designada de Casa do Povo, a Câmara dos Deputados não é uma instituição que poderia ser classificada de popular. Sua composição social é bastante heterogênea socialmente. Vista do ângulo das classes sociais seria ocupada predominantemente por deputados vindos das classes médias. Os muito ricos são cerca de 8% dos seus ocupantes eleitos para a 54ª Legislatura (patrimônio superior a quatro milhões). Os multimilionários, com patrimônio acima de dez milhões de reais (valores de 2010), totalizam 3% dos deputados da CD.

De modo resumido: 60% dos parlamentares declararam patrimônio inferior a um milhão de reais. No extremo inferior da escala patrimonial, 31 parlamentares disseram possuir bens de valor inferior a cem mil reais. Com patrimônio abaixo de 200 mil reais, há 53 deputados (10,8% da CD). Podem ser entendidos como sendo de classe média baixa. Entre 200 mil e um milhão, estão 243 deputados (49,5 % da CD). Podem ser entendidos como de classe média média. Entre mais de um milhão até dois milhões de reais, há 85 deputados (17,3% da CD). Formariam a classe média alta da CD. Entre mais de dois milhões até dez milhões, há 94 deputados (19,1% da CD). Formariam a classe alta ou rica. Com patrimônio superior a dez milhões de reais, há um pequeno grupo de 16 deputados (3,3% da CD) que poderiam ser definidos como multimilionários.

Pelos dados das declarações patrimoniais, a maioria dos deputados se enquadraria num dos segmentos intermediários da sociedade, sendo os ricos e os pobres uma minoria oscilando em torno de 10%. Essa distribuição dos valores, em princípio, trabalha a favor de orientações políticas moderadas de negociação e transações.

Capítulo IV

Profissão, patrimônio e legenda

A COMPOSIÇÃO SÓCIO-PROFISSIONAL DA 54ª LEGISLATURA

Os dados sobre os patrimônios mostrados anteriormente referem-se à riqueza que os deputados possuíam já na condição de políticos. Não importou, no valor dos bens, a riqueza que os políticos possuíam antes de entrar para a vida pública, mas a que declararam quando se candidataram em 2006. Assim, não foi possível perceber seu status socioeconômico anterior à primeira eleição vitoriosa. Poderiam ser ricos antes de entrarem para a política ou poderiam ter enriquecido depois, já na vida pública. Por isso, para dar um pouco mais de solidez à análise e avaliar a hipótese da popularização, examinamos também a distribuição das profissões e ocupações na CD em correlação com a dimensão do patrimônio.

A principal fonte de dados será a própria Câmara dos Deputados. Utilizamos as informações contidas nas biografias dos parlamentares elaboradas por eles mesmos. Estão no portal do site da CD. Contudo, em muitos casos, a profissão declarada pelo parlamentar foi definida pelo diploma de nível superior e não pela ocupação efetivamente exercida. A discrepância pôde ser captada por outros dados do currículo do deputado. Quando isso acontecia, demos preferência apenas à atividade ocupacional exercida e não à que viria de um diploma universitário. Por exemplo: quando estava apontado, no item profissão, "advogado e empresário rural" – se o exame da biografia não indicasse atividade ocupacional como advogado –, a profissão e ocupação anotada foi a de empresário rural, geralmente a fonte de renda mais importante. Quando era impossível perceber qual a mais importante, registramos as duas profissões/ocupações.

Em certos casos, houve alguma dificuldade na localização da profissão/ocupação porque, algumas vezes, as pessoas exercem mais de uma atividade profissional ou têm mais de uma fonte de renda. Na distribuição final das profissões/ocupações o leitor deve contar com alguma margem de erro. Além disso, provavelmente, se a classificação e a tabulação fossem processadas por outros critérios teríamos, certamente, alguma diferença com os dados aqui expostos. Mas acreditamos que não divergiriam demasiadamente entre si.

De modo geral, os dados da CD sobre profissão e ocupação devem conter menos falhas do que os obtidos por meio das Declarações de Bens. Haveria pouco interesse na sonegação de informações sobre a profissão e a ocupação. A mesma observação vale para outros itens, como data de nascimento, nome dos pais, legendas partidárias, cargos públicos ocupados, carreira profissional e política etc.

Profissões e ocupações, por si só, não são indicações seguras de status econômico e de localização na escala de renda. As desigualdades são pronunciadas no interior das profissões/ocupações. Existe uma hierarquia de prestígio e importância que se reflete na renda com as consequências conhecidas em todos os outros aspectos da vida social. Há, por exemplo, uma elite de profissionais liberais que auferem altíssimos rendimentos de suas atividades, fato que os coloca na classe alta, com renda muito acima da maioria dos médios e pequenos empresários. Outros, só com muita boa vontade poderiam ser entendidos como de classe média-média. No interior das profissões há, pois, uma divisão que possibilita nelas distinguir, *grosso modo*, uma classe alta, uma classe média e uma classe baixa, com subdivisões existentes em cada uma. Aliás, como em muitas outras atividades profissionais.

Poder-se-ia dizer a mesma coisa com relação aos que se declaram "empresários" sem que nenhuma outra especificação tenha sido acrescentada. Há pequenos e grandes empresários, alguns sócios, acionistas ou proprietários individuais de empresas altamente sofisticadas e ricas; outros, donos de minúsculos estabelecimentos, geralmente de serviços e comércios. Há também diretores não proprietários multinacionais com salários altíssimos e benefícios não monetários importantes. Na visão marxista: não seriam proprietários, mas estariam ao lado da grande burguesia, do capital.

Não caberia entrar na velha discussão sobre se pequenos proprietários ("pequeno-burgueses") compartilham de interesses semelhantes aos dos grandes empresários, da "grande burguesia". É possível que pequenos e grandes proprietários aproximem-se quando se trata da proteção da propriedade e do capital face à pressão reivindicativa dos assalariados e dos sindicatos de trabalhadores. Em outras matérias, podem conflitar.

Mas esse ponto não interessa aqui. O que importa é que a diferença econômica e de status entre pequenos e grandes empresários os faz social e culturalmente diferentes, provavelmente com orientações e preferências partidárias diversas. De algum modo, porém, a profissão e a ocupação dão alguma indicação sobre a situação socioeconômica dos deputados, se mais não for por exclusão de certas situações polares. Por exemplo: a profissão de médico, engenheiro ou outras que exigem nível universitário, já é indicativa de que não se trata de alguém de renda muito baixa. Seus portadores não poderiam, salvo raríssimas exceções, ser classificados na classe popular.

Na escala salarial brasileira e na de nosso mercado de trabalho, um professor da rede pública da escola elementar tem alta probabilidade de estar na classe média baixa, com salário inferior a de um operário qualificado da moderna indústria. De outro lado, um professor universitário com alta titulação em uma instituição de prestígio já estaria na classe média alta ou na classe alta. A mesma coisa poder-se-ia dizer de juízes, desembargadores e outros membros da alta cúpula do Poder Judiciário ou da alta burocracia pública.

Para se ter uma avaliação das profissões em termos de classe social, basicamente em termos de renda, é útil cruzar a distribuição das profissões e ocupações com o valor do patrimônio. Começaremos por uma primeira apresentação da distribuição simples das profissões/ocupações no interior da 54ª Legislatura.

I – As profissões da atividade política

Nessa 54ª Legislatura (como em outras), os empresários de todos os tipos, ramos e dimensão do empreendimento ocuparam o primeiro lugar em número de cadeiras[34], 38,6% do universo. Os empresários urbanos foram, de longe, o setor mais importante (28,3% da CD). Os parlamentares que são empresários rurais somaram apenas 8,4%. Foram incluídos nessa categoria todos os proprietários de terras, não importando o tipo de uso da propriedade: agricultura, pecuária etc.[35] Está claro que a propriedade da

---

[34] Gerentes e administradores foram incluídos no grupo de empresários.
[35] Nossos dados divergem dos números do DIAP sobre a composição do Congresso porque critérios diferentes de classificação foram usados. Na CD, no caso dos empresários, por exemplo, pelos critérios do DIAP, seriam 246 empresários na CD (48%). No Congresso, a bancada dos empresários teria passado de 219 para 273 cadeiras. Pelos nossos dados, seriam 198 (38,6%) na CD. No caso dos empresários rurais, o DIAP inclui na bancada ruralista o parlamentar que, "mesmo não sendo proprietário rural ou atuando na área do agronegócio, assume sem constrangimento a defesa dos pleitos da bancada". Contudo, no nosso caso, estamos interessados nas origens sociais e não nas orientações políticas e ideológicas dos deputados. No plano partidário, segundo o DIAP, o partido com mais empresários seria o PMDB. Pela nossa classificação, seria o DEM (29, 67,4% da bancada). O PMDB teria 27

terra não exclui outros empreendimentos relacionados à agricultura situados no meio urbano, como abatedores de gado.[36] Todavia, quando o deputado, além de atividades agrícolas tinha empreendimentos urbanos, a classificação era de empresários com atividades urbanas, rurais ou interconectadas ("empresário misto", para maior facilidade de expressão). Não seria preciso ressaltar que pequeno número de empresários rurais ou mistos na CD não significa que o grupo tenha baixa capacidade de lobby (Tabela IV-I).

Depois dos empresários, em ordem de importância, seguem-se os profissionais liberais, categoria composta principalmente por bacharéis de Direito (11%), médicos (9%) e engenheiros (6%). Muitos deles podem ter empregos públicos, mas foram classificados pela profissão e não por onde a exerciam. Se a intenção fosse avaliar a importância do setor – o estado como empregador – certamente, seria mais adequado classificar esses casos como funcionários públicos.

Os funcionários públicos, de todos os níveis (federal, estadual e municipal), funções e setores da administração pública, formam o terceiro grupo em ordem de importância (18,7%). É um setor bastante heterogêneo. Inclui desde diretores de repartições públicas e empresas estatais (o "alto funcionalismo") até pequenos funcionários de baixa remuneração, em que a estabilidade e a aposentadoria integral constituem algumas das maiores vantagens do emprego.

(34,7% da bancada). Para nós, o espaço dos proprietários na CD, especialmente rurais, teria diminuído; para o DIAP, aumentado. No caso dos sindicalistas, classificamos como tal apenas os que ocupavam cargos em diretorias de sindicatos da estrutura corporativa antes de serem eleitos. O DIAP os inclui na bancada sindical juntamente com outros deputados que tinham relações com o movimento sindical mesmo que neles não tivessem cargos na entidade, como os advogados trabalhistas. Cf. *Radiografia do Novo Congresso, Legislatura 2011-2015*, DIAP, Brasília, dezembro de 2010.

[36] Ver, a propósito da importância da propriedade rural entre os políticos brasileiros, Alceu Luís Castilho, *Partido da Terra*, Editora Contexto, São Paulo, 2012.

No setor público foram incluídos os ex-militares das Forças Armadas e da Polícia Militar. São apenas oito casos (1,6% da CD). Os diretores de bancos e outras empresas estatais também foram incluídos nesse setor: são dois deputados (2,1% do setor público).

Os docentes de todos os regimes de trabalho, níveis e atividades ligadas ao ensino formam o quarto grupo (10,3%). Dois terços deles estão em instituições governamentais. Poderiam, portanto, ser agregados ao setor público se não tivessem características muito próprias, algumas das quais, para os docentes de nível superior, os aproxima da alta intelectualidade e dos profissionais liberais. Outros estariam mais bem classificados na classe média baixa. Os professores de universidades públicas são 3,5% da CD. Já os das universidades privadas, 2,7%. Ao todo, os professores universitários representam 60% dos docentes. Professores do ensino médio (sete casos), do ensino fundamental e da educação infantil (um caso cada), juntamente com os que ministram aulas no ensino médio e fundamental (quatro casos) e os de nível não identificado (três casos), completam o grupo.

Pelo fato de se distinguirem das atividades nitidamente burocráticas, os docentes foram analisados numa categoria à parte. Se fossem agregados aos demais funcionários públicos, os deputados que, antes de se tornarem políticos, tiveram o estado como empregador formariam o segundo maior setor profissional na CD. A porcentagem seria ainda mais elevada se a esse setor fossem acrescentados os profissionais liberais que também têm emprego público ou trabalham em empresas estatais.

No item "comunicadores" foram incluídos os deputados com profissões e ocupações relacionadas à mídia escrita ou falada (7,6%): locutores, animadores de programas de auditórios (geralmente destinados a um público de classe média baixa). Essas funções popularizam futuros políticos. Ocuparam o quinto lugar na frequência das profissões. Embora não muito numerosas em comparação com outras atividades, são posições estratégicas para a entrada na política.

As atividades profissionais que denominamos de "profissões intelectuais" por falta de melhor termo, vêm em sexto lugar. Corresponderam a 4,7% dos casos. Nesse item foram listadas as profissões e ocupações, às vezes pouco institucionalizadas, que dependem de nível de escolaridade relativamente alto e requerem diploma de nível superior: economistas, arquitetos, assistentes sociais, sociólogos, psicólogos etc.

Classificados como políticos estão os deputados sobre os quais não foi possível localizar qualquer atividade profissional prévia à sua primeira eleição para uma função pública. Em alguns casos, por relações de parentesco, alguns dos políticos tiveram emprego por algum tempo em chefias de gabinete ou em funções administrativas no governo de algum parente governador ou prefeito. Foram nomeações partidárias. De fato, mais do que exercerem uma atividade profissional no órgão em que estavam empregados – e eram remunerados –, o "emprego" serviu para preparar futuras carreiras na política brasileira. A profissão foi, desde muito cedo, a de político. Encontramos trinta casos nesta 54ª Legislatura (5,8% do total de deputados).

No item pastores estão os bispos e pastores das igrejas evangélicas pentecostais e neopentecostais. São onze casos (2,1% de cada profissão/ocupação). O número refere-se apenas aos que eram pastores como profissão. Não abrange os deputados que integram a bancada evangélica.

Os padres da Igreja Católica, apenas três casos (0,6%), estão no item "Outras Profissões e Ocupações".

Aproximadamente com a mesma frequência estão os deputados que foram empregados não-manuais (2,5%), metalúrgicos (1,9%), lavradores (1,6%), técnicos de nível médio (sem formação superior) (1,4%). Somados, chegam a 7,4% da CD.

Os metalúrgicos e os lavradores representam os trabalhadores manuais da indústria e da agricultura. É um número muito pequeno como fonte de abastecimento da classe política, como, aliás, acontece em todo mundo.[37] Foram ajudados no seu projeto de entrada na política porque eram sindicalistas, diretores de entidades sindicais ou de movimentos sociais. Sem a passagem na liderança de alguma organização de massa não chegariam à CD. Embora vindos das classes populares, possuíam trunfos importantes para entrar na política.[38]

TABELA IV - I
Profissões na cd

Profissão/ocupação	n	%
Total de empresários	198	38,6
Empresário urbano	145	28,3
Empresário rural	43	8,4
Empresário misto	10	1,9
Profissões liberais★	141	27,5
Funcionários públicos	96	18,7
Professores e atividades ligadas à docência	53	10,3

---

[37] Dados sobre a presença de trabalhadores nos parlamentos europeus podem ser encontrados em nosso livro: *Partidos, Ideologia e Composição Social, op. cit.*

[38] O cientista político francês, Daniel Gaxie, entende que a "probabilidade do exercício de um poder político (seja qual for) aumenta conforme a posição na hierarquia social" e que a posição social de origem dos políticos (...) "é tanto mais elevada quanto mais altas as posições ocupadas na hierarquia política"."Les logiques du recrutement politique", *Révue française de Science Politique*, vol. XXX, nº 1, fev. de 1980. Gaxie parece ter razão quanto à tese de que os cargos mais importantes do sistema político tendem a ser ocupados pelos políticos de status mais elevado. Contudo, nas democracias de massas, especialmente nas de forte conteúdo populista, como as latino-americanas, as organizações sindicais e movimentos sociais permitem a ascensão crescente dos que vêm mais de baixo. (Citação extraída da tradução publicada na *Revista Brasileira de Ciência Política*, nº 8, maio/agosto de 2012, p. 165).

Profissão/ocupação	n	%
Comunicadores	39	7,6
Políticos	30	5,8
Profissões intelectuais★★	24	4,7
Empregados não manuais	13	2,5
Pastores	11	2,1
Metalúrgicos	10	1,9
Técnicos de nível médio	7	1,4
Lavradores	8	1,6
Outras profissões e ocupações★★★	9	1,8
Total	629	122,6
CD	513	

(★) – Profissões liberais tradicionais – advogado; médico; agrimensor; agrônomo; contador.
(★★) – Profissões intelectuais: economista; arquiteto; assistente social; químico; cientista político; sociólogo; músico; filósofo; geólogo; museólogo; psicólogo/psiquiatra; fisioterapeuta.
(★★★) – Outras profissões e ocupações: padre; ator; jogador de futebol; cantor; autônomo; atividades domésticas.

De modo geral, a distribuição das profissões e ocupações nesta CD, como em outras legislaturas, revelou uma casa heterogênea socialmente, na qual os deputados de baixo patrimônio e os de altíssimo são minoritários. Num pólo, os trabalhadores braçais, operários e empregados de escritórios são menos de 10%. Noutro pólo, os muitos ricos, com bens de valor superior a cinco milhões (35 casos), estão em torno de 7% da CD. Lembremos, contudo, que 19 deputados não declararam o valor de seus bens; outros três apresentaram declaração com montante extremamente pequeno à luz das funções e cargos que exerceram e suas origens familiares. Portanto, o leitor não deve esperar precisão matemática na avaliação da distribuição social da CD. Deve haver alguns erros na tabela anterior. Mas sua dimensão é difícil de calcular. Apesar disso, acreditamos que os possíveis erros não distorcem excessivamente a realidade.

II – Profissão e Patrimônio

Pode-se medir o status econômico sugerido pela profissão ou ocupação (classe social, se quisermos) pela relação com a dimensão do valor dos bens. De modo geral, os resultados da correlação entre as variáveis "profissão e ocupação" com "valor do patrimônio" são coincidentes com a percepção do senso comum: o grupo, de longe o mais rico, é o dos empresários, especialmente os proprietários rurais. Dos 189 empresários (para os quais se conseguiu informações sobre a declaração de bens), 22,2% encontravam-se na faixa de riqueza acima de quatro milhões. Entre os 40 proprietários rurais, a porcentagem subiu para 25,0%. Foi entre os empresários mistos que estavam os mais ricos. Existiam, no entanto, somente dez empresários rurais na CD nessa categoria, sete com bens de valor superior a quatro milhões.[39]

Entretanto, no total dos empresários dos três setores, 34,9% têm patrimônio inferior a um milhão de reais, o que é indicativo da presença nesse grupo de uma parcela significativa de pequenos ou médios empresários, donos de pequenos negócios e firmas. Notemos que nove parlamentares de todos os ramos que se definiram profissionalmente como empresários declaram patrimônio inferior a 200 mil reais (Tabela IV – III). A existência desses pequenos homens de negócio, comerciantes e industriais, contribui para a popularização da CD.

Na faixa patrimonial inferior a um milhão de reais está a maioria dos profissionais liberais, das profissões intelectuais e dos professores. Entre os docentes, 38 (70,4% do total da categoria) informaram possuir bens de valor inferior a um milhão, o que sugere que não vie-

---

[39] O número provavelmente é maior. É grande a proporção de políticos proprietários de terra que subestimam o valor de seus bens ou, mais simplesmente, não os declaram. Veja-se, a propósito a pesquisa de Alceu Luís Castilho, *Partido da Terra*, op. cit.

ram das classes altas. Houve sete professores com valor patrimonial inferior a 200 mil reais. Contudo, nesse grupo de docentes há um caso com patrimônio superior a quatro milhões de reais.[40]

No grupo dos parlamentares que veio do setor público, 55,3% têm patrimônio inferior a um milhão de reais. Devem provir do médio ou baixo funcionalismo. Oito deles têm patrimônio inferior a 200 mil reais, o que sugere que poderiam ser classificados sociologicamente como de classe média baixa. Mas esse grupo possui também seis casos de deputados com bens de valor acima de quatro milhões.

Comunicadores, empregados não manuais, técnicos de nível médio, metalúrgicos e lavradores concentraram-se na faixa patrimonial inferior a um milhão. (Mais de 80% de cada profissão).

Entre os 29 políticos (sobre os quais se obteve dados), 17 estão na faixa de patrimônio inferior a um milhão, valor que os colocaria fora da classe dos muito ricos. Os deputados mais ricos (valor de bens acima de quatro milhões de reais) são de famílias tradicionais com experiência de atuação na política de seus estados. Entraram muito cedo na política e geralmente vêm de famílias de empresários.[41]

Para finalizar: dos dez pastores evangélicos sobre os quais temos informação, seis declararam bens no valor inferior a um milhão de reais, o que revela suas origens mais popular. No mesmo sentido, não há nenhum técnico, metalúrgico e lavrador na faixa patrimonial entre dois e quatro milhões de reais.

---

[40] Trata-se do deputado Gabriel Chalita, que informou possuir bens no valor de doze milhões de reais. É uma exceção no quadro dos docentes.

[41] Citamos dois casos como ilustração: Henrique Eduardo Alves (PMDB-RN), eleito para a CD com 22 anos de idade, antes de terminar o curso de Direito. No momento, é presidente da CD. Nelson Marquezelli (PTB/SP), eleito vereador em Pirassununga com 22 anos de idade. Entrou na faculdade depois de ter cumprido o primeiro cargo eletivo.

TABELA IV - II em reais
PROFISSÃO POR CLASSE PATRIMONIAL

Profissão/ocupação	Até 1 milhão n	%	Mais de 1 a 2 milhões n	%	Mais de 2 a 4 milhões n	%	Acima de 4 milhões n	%	Totais n
Total de empresários	66	34,9	40	21,2	41	21,7	42	22,2	189
Empresário urbano	59	42,4	28	20,1	27	19,4	25	18,0	139
Empresário rural	7	17,5	10	25,0	13	32,5	10	25,0	40
Empresário misto	-	-	2	20,0	1	10,0	7	70,0	10
Profissões liberais	79	59,4	21	15,8	23	17,3	10	7,5	133
Funcionários públicos	52	55,3	26	27,7	10	10,6	6	6,4	94
Professores	38	70,4	11	20,4	4	7,4	1	1,8	54
Comunicadores	32	86,5	1	2,7	3	8,1	1	2,7	37
Profissões Intelectuais	16	88,9	-	-	2	11,1	-	-	18
Políticos	17	58,6	5	17,2	1	3,4	6	20,7	29
Empregados não manuais	8	80,0	1	10,0	1	10,0	-	-	10
Metalúrgicos	9	90,0	1	10,0	-	-	-	-	10
Pastores	6	60,0	3	30,0	1	10,0	-	-	10
Técnicos de nível médio	6	85,7	1	14,3	-	-	-	-	7
Lavradores	6	85,7	1	14,3	-	-	-	-	7
Outras profissões	8	100,0	-	-	-	-	-	-	8
Sem informação	3	-	1	-	-	-	-	-	4

Obs.: As diferenças nos totais de cada categoria devem-se ao fato de que, em alguns cruzamentos, não se encontrou informação sobre uma das variáveis objeto de correlação. Por exemplo: no total da CD (Tabela IV – I) estão registrados 198 empresários. Na Tabela IV – II, estão registrados 189 porque em nove casos não foi possível saber o montante de bens. A mesma observação vale para a Tabela IV – III.

A relação entre as variáveis "profissão/patrimônio" e a riqueza dos políticos pode ser observada com mais detalhes no cruzamento das profissões/ocupações por classe de patrimônio inferior a um milhão de reais. Estão nessa faixa de patrimônio inferior a um milhão, 295 deputados, perfazendo 57,5% do total da CD. Portanto, mais da metade dos seus integrantes poderia ser definida como de classe média para baixo.

Nesse grupo de 295 parlamentares, 53 deles têm patrimônio inferior a 200 mil reais (10,3% da CD). Por esse valor, são políticos vindos das camadas populares que ainda não aumentaram o patrimônio com a atividade política. Mas apesar de partilharem baixo patrimônio, constituem um segmento heterogêneo profissionalmente compreendendo empresários, profissionais liberais, professores e comunicadores. Do ângulo do montante de renda, estariam na classe média baixa.

Por ordem de frequência de profissões (e não de número de deputados) têm-se a seguinte distribuição da faixa patrimonial inferior a 200 mil reais: profissionais liberais (15,3%); empresários urbanos (13,6%); funcionários públicos (13,6%); professores (11,9%); comunicadores (11,9%); profissões intelectuais (8,5%); metalúrgicos (5,1%); empregados não manuais (5,1%); políticos (3,4%); empresários rurais (1,7%); técnicos (1,6%); lavradores (1,6%); pastores (1,6%); e "outras profissões" (5,1%).[42]

TABELA IV - III
Profissão por classe patrimonial até um milhão de reais

Profissão/ocupação	Até 200 mil reais		Mais de 200 a 400 mil		Mais de 400 a 600 mil		Mais de 600 a 800 mil		Mais de 800 a 1 milhão	
	n	%	n	%	n	%	n	%	n	%
Profissões liberais	9	15,3	18	18,5	18	25,0	24	33,3	10	22,7
Total de empresários	9	15,3	15	15,5	14	19,4	15	20,8	11	25,0
Empresário urbano	8	13,6	14	14,4	11	15,3	14	19,4	11	25,0

---

[42] Para melhor apreciação das porcentagens acima deve-se lembrar que os totais de cada profissão e ocupação são afetados por seu número na CD, pela dimensão do colégio eleitoral de cada estado, pelo número de deputados de cada legenda, além de, obviamente, pelo seu número na população brasileira.

Profissão/ocupação	Até 200 mil reais		Mais de 200 a 400 mil		Mais de 400 a 600 mil		Mais de 600 a 800 mil		Mais de 800 a 1 milhão	
	n	%	n	%	n	%	n	%	n	%
Setor público	8	13,6	17	17,5	11	15,3	10	13,8	6	13,6
Profissões intelectuais	5	8,5	3	3,1	3	4,2	5	6,9	–	–
Professores	7	11,9	14	14,4	9	12,5	4	5,6	4	9,1
Comunicadores	7	11,9	9	9,3	6	8,3	4	5,6	6	13,7
Pastores	1	1,6	2	2,1	1	1,3	1	1,4	1	2,3
Empregados não manuais	3	5,1	2	2,1	2	2,8	3	4,2	1	2,3
Técnicos	1	1,6	2	2,1	3	4,2	–	–	–	–
Metalúrgicos	3	5,1	3	3,1	–	–	1	1,4	2	4,5
Lavradores	1	1,6	5	5,2	1	1,3	–	–	–	–
Outras Profissões	3	5,1	1	1,0	–	–	2	2,8	2	4,5
Políticos	2	3,4	6	6,2	4	5,6	3	4,2	1	2,3
Total das profissões	59	100,0	97	100,0	72	100,0	72	100,0	44	100,0
Total do grupo	53	–	84	–	65	–	58	–	35	–
Sem informação	–	–	–	3	–	–	–	–	–	–

III – Profissões por partidos: direita, centro, esquerda

Consistentemente com a distribuição das profissões por dimensão do patrimônio, as profissões e ocupações de classe alta estão nas legendas dos partidos classificados habitualmente como de direita (PFL/DEM, PP, PTB). As ocupações de classe baixa estão nas legendas de esquerda (PT e PCdoB). Nos partidos entendidos como de esquerda moderada (PDT e PSB) e nos de centro (PSDB e PMDB) há poucos empresários rurais e mistos e poucos políticos de classe média ou popular. Nesse ponto, o PSC que conseguiu apenas 17 cadeiras é uma exceção porque possui muitos empresários vindos das camadas populares.

Mas estamos falando de tendências. A concentração dos políticos de alto patrimônio nas legendas de direita e dos políticos vindos das classes médias ou médias baixas nas legendas de esquerda apresenta alguns desvios. Na classe política, as decisões não decorrem apenas de fatores ideológicos, mas de cálculos de lucro eleitoral. Há muitas opções partidárias incongruentes e oportunistas do ângulo das origens sociais e da dimensão do patrimônio dos políticos. Resultam, de uma parte, da escolha de legendas orientada basicamente pelo cálculo das probabilidades de lucro eleitoral e, de outra parte, do baixo grau de consistência programática e organizatória dos partidos brasileiros e da volatilidade dos eleitores.

Assim, há milionários eleitos por partidos de esquerda moderada. Apesar dos casos desviantes, porém, não se encontrou, na 54ª Legislatura, nenhum deputado milionário no PT ou no PCdoB e nem tampouco um número significativo de trabalhadores manuais e das profissões de baixa renda nos partidos de direita. (Há, contudo, a exceção vinda da presença de pastores evangélicos no PR).

A tendência, claramente, vai no sentido da relação positiva entre dimensão do patrimônio, ocupação profissional e preferência partidária. Nas linhas seguintes, vamos indicar apenas os aspectos mais significativos da relação entre a profissão dos deputados e as legendas partidárias pelas quais foram eleitos. Comecemos pelos partidos mais à direita do espectro ideológico. (Os interessados em detalhes encontrarão mais informações nas tabelas IV-IV, mais adiante).

O campo da direita – O Democratas (ex-PFL), na 54ª Legislatura, elegeu 43 deputados. Desses, 67,4% eram empresários: 46,5% do setor urbano e 20,9% do setor rural. Nessa legislatura, entretanto, nenhum deputado com atividades empresariais mistas chegou à CD pelo DEM. É a legenda com maior número de empresários em termos absolutos e relativos. Depois do setor empresarial, vêm as profissões liberais (25,6%) e as funções públicas (16,3%). Os professores (habituais nos partidos de esquerda) eram somente 4,7%. Nenhum técnico, lavrador ou metalúrgico foi eleito pela legenda do DEM.

Depois dos Democratas, a legenda do campo da direita com maior número de cadeiras conquistadas nas eleições de 2010 foi a do Partido Progressista. Por essa legenda foram eleitos 44 deputados. Desses, 59,1% eram empresários. Note-se que o PP, entre todas as legendas, tem a menor proporção de deputados vindos do setor público.

Do ângulo de empresários na bancada, o Partido Trabalhista Brasileiro vem em terceiro lugar, com 63,6 % de deputados vindos do setor empresarial. Proporcionalmente, é um número muito próximo do DEM, mas distante em números absolutos porque o PTB só obtive 22 cadeiras. Tal como no caso das duas legendas anteriores, nenhum professor, técnico ou trabalhador manual foi eleito pelo antigo Partido Trabalhista Brasileiro.

Ainda no campo da direita estão o recém-fundado Partido da República e o Partido Social Cristão, de menor expressão. O PR elegeu 41 deputados, dos quais 22 empresários (55% da bancada). Com exceção dos profissionais liberais (24,4%) e de políticos com profissões no setor público (22,0%) e de comunicações (19,5%), parlamentares de outras ocupações/profissões estão pouco representados no Partido da República que conta, no momento em que escrevemos, com importantes políticos evangélicos.[43]

---

[43] O Partido da República resultou da fusão, em 2006, de duas legendas: o Partido Liberal (PL) e o PRONA (Partido da Reedificação da Ordem Nacional). A fusão fez com que o novo partido escapasse da cláusula de barreira dos 5% determinada pelo TSE. Mais tarde, a cláusula foi revogada, mas a nova legenda continuou. Embora não fosse um partido confessional, muitos dos políticos mais influentes da nova legenda eram ligados às confissões evangélicas. Citemos alguns.

– Magno Malta, pastor evangélico, integrante da banda gospel "Tempero do Mundo". Começou como vereador e chegou a senador pelo Espírito Santo. Foi do PTB, PMDB, PST e PL;

– Anthony Garotinho, radialista, ex-governador do Rio de Janeiro. Começou pelo PT, passou pelo PDT, PSB, PMDB e, no momento em que escrevemos, está no PR;

– Bispo Rodrigues, da Igreja Universal do Reino de Deus, condenado pelo STF no julgamento do caso do Mensalão;

Por sua vez, o PSC, também com forte participação de evangélicos, nas eleições de 2010 elegeu 17 deputados, dos quais dez empresários e cinco pastores. Uma atividade profissional não exclui outra.

O campo de centro – Entre os partidos classificados como de centro, os mais importantes são o Partido do Movimento Democrático Brasileiro e o Partido da Social Democracia Brasileira. O primeiro integra o governo e o segundo está na oposição.

O PMDB, com 78 deputados, é o segundo maior partido da 54ª Legislatura. A maioria relativa dos membros de sua bancada veio das profissões liberais (37,2%). Há, contudo, a presença forte de empresários (34,7%). São, porém, minoritários face aos dois terços de outras profissões e ocupações. Essas são tipicamente de classe média ou de classe média alta, expressadas no alto número de integrantes de sua bancada que veio do setor público, das profissões intelectuais, do ensino e de um número de deputados que definimos como "políticos", proporção mais elevada do que em todas as outras legendas.

O PSDB, o outro grande partido de centro com 53 cadeiras na CD (10,3%), tem um perfil sócio-profissional muito semelhante ao do PMDB, com um pouco mais de empresários e um pouco menos de profissionais liberais. A bancada tucana é composta por 37,7% de empresários e 34,0% de profissionais liberais. O PSDB, entretanto, tem 18,9% de deputados que são empresários rurais contra 10,3% do PMDB. Ambos os partidos assemelham-se no fato de não existirem, nas suas bancadas, metalúrgicos, lavradores, técnicos e empregados de escritório. O PSDB teve nessa legislatura 13,2% de "políticos" contra 10,3% do PMDB.

O PR abrigou também empresários poderosos, como o empresário rural Blairo Maggi, um dos maiores produtores de soja do mundo. Foi do PPS. Saiu para apoiar Lula em 2006.

O campo da esquerda – Duas legendas se destacam: o Partido dos Trabalhadores e o Partido Comunista do Brasil, esse último de muito menor expressão eleitoral. Em 2010, o PT elegeu 86 deputados, voltando a ser o primeiro partido na CD. Ao contrário do que poderia sugerir o nome da legenda, em termos relativos, a maior categoria profissional da sua bancada é a do pessoal ligado ao Ensino (24,4%), seguida de perto pelos profissionais liberais (20,9%). As duas categorias somadas chegam quase à metade do total de integrantes da bancada petista, composição que dá ao PT feições de partido de classe média. Os empresários, inexistentes nos anos da formação do Partido dos Trabalhadores, chegaram a sete (8,1% da bancada) na 54ª Legislatura.[44] Na 51ª Legislatura (1999-2003) eram 3,4%.

A presença desses empresários na legenda petista não altera o fato de o PT continuar a ser o partido com maior proporção de trabalhadores manuais na CD: quatro ex-metalúrgicos e seis ex-lavradores. No total, os deputados petistas de classe popular ou trabalhadora, incluindo empregados não manuais, somam 26,7% da bancada (23 deputados), o que significa dizer que o PT, para as classes baixas, continua a ser um canal de acesso importante para a vida pública e também de ascensão social. Apesar disso, o avanço político do partido, a responsabilidade de ser governo e de administrar o pesado aparelho governamental – e consequentemente de recrutar militantes de escolaridade elevada – favorecem o aumento do peso dos segmentos de classe média assalariada e de escolaridade elevada. O avanço das classes médias, de seu setor mais intelectualizado, tende a progredir juntamente com o envelhecimento dos quadros e o declínio do ardor militante.

---

[44] São eles: Zeca Dirceu (PR); Francisco Praciano (AM); Vicente Candido (SP); Rubens Otoni (GO); Jilmar Tatto (SP); Jesus Rodrigues (PI) e Jorge Boeira (SC). (Esse último, engenheiro, elegeu-se pelo PT, mas depois passou para o PSD).

O PCdoB elegeu somente quinze deputados. A composição social de sua bancada é muito próxima da do Partido dos Trabalhadores. Como seria de se esperar por um mínimo de coerência ideológica, na bancada do Partido Comunista do Brasil não há nenhum deputado vindo do meio empresarial. Nela, há quatro deputados vindos das profissões liberais; três do setor público; quatro das classes populares (empregado não manual, metalúrgico, técnico e lavrador). Para os deputados de origem mais popular é, depois do PT, a segunda maior via de entrada na política. A diferença que nos parece mais saliente do PCdoB com relação ao PT é o número baixo de professores na bancada comunista: apenas dois (13,3%), contra 21 (24,4%) no PT.

Esses aspectos, e mais a inexistência de empresários no PCdoB, sugerem que a composição social da bancada comunista, em termos relativos, é ligeiramente mais "popular" do que a do PT. Contudo, o baixo número absoluto de deputados na bancada comunista afeta a comparação entre as duas legendas de esquerda. Ocorre que, se todos os demais fatores forem iguais, à medida que se eleva o número absoluto de deputados nas bancadas – ou seja, à medida que o partido cresce – tende a aumentar a diversificação da composição social do partido. Nas democracias de massa, como já mostraram Otto Kirchheimer e Ângelo Pannebianco[45], os partidos tendem a transformar-se em catch-all parties, trajetória que está marcando o avanço do PT e que é difícil de evitar.[46]

---

[45] Kirshheimer, Otto "The Transformation of Western European Party System" *in*: La Palombara, Joseph &: Weiner, Myron (eds.), *Political Parties and Political Development*, Princeton University Press, 1966; e Panebianco, Angelo: *Modelos de Partidos*, Alianza Editorial, Madri, 1990.

[46] A formação e a evolução do Partido dos Trabalhadores estão bem documentadas. Ver, por ordem cronológica: Isabel Ribeiro de Oliveira Gomes de Souza, *Trabalho e Política, As Origens do Partido dos Trabalhadores*, Vozes, Petrópolis, 1988; Rachel Meneguello, *PT. A Formação de um Partido, 1979-1982*, Paz e Terra, 1989; Leôncio Martins Rodrigues, "A Composição Social da Liderança do PT", *in*: Leôncio

Ainda entre as legendas habitualmente colocadas no campo de esquerda, estão dois pequenos partidos que pela sua composição social estariam mais apropriadamente classificados no centro ou centro-direita. Trata-se do PPS (antigo PCB) e do PV. Na 54ª Legislatura, o Partido Popular Socialista elegeu doze deputados (19 profissões/ocupações): sete eram empresários, cinco vieram do setor público, cinco eram profissionais liberais, um era professor e um era ator de TV e teatro.[47] Nenhum deputado vindo das classes populares integrou sua bancada. Como mencionado acima, no ex-PCB o número de professores, sempre marcante nos partidos de esquerda, é de apenas um.[48]

Por fim, o Partido Verde, que do ângulo programático e doutrinário é geralmente entendido como de centro-esquerda, com apenas 14 cadeiras, tem praticamente a metade de sua bancada composta por empresários (seis casos), perfil social mais comum em partidos de direita.

Martins Rodrigues, *Partidos e Sindicatos*, Editora Ática, São Paulo, 1990; Margaret E. Keck, *PT. A Lógica da Diferença*, Editora Ática, São Paulo, 1991; Carlos Alberto Novaes, "PT: Dilemas da Burocratização", *Novos Estudos Cebrap*, 35 (Março), 1993; Clovis Bueno de Azevedo, *A Estrela Partida ao Meio*, Entrelinhas, São Paulo, 1995; Luís Mir, *Partido de Deus*, São Paulo, 2007; Richard Bourne, *Lula do Brasil*, Geração, São Paulo, 2009; Wendy Hunter, *The Transformation of the Workers' Party in Brazil, 1989-2009*, 2010; Pedro Floriano Ribeiro, *Dos Sindicatos ao Governo*, Edufscar, São Carlos (SP), 2010; Lincoln Secco, *História do PT – 1978-2010*, Cotia (SP), Ateliê Editorial, 2011.

[47] Trata-se do ator, estreante na CD, Stepan Nercessian, PPS/RJ. O deputado foi presidente do Sindicato dos Artistas e Técnicos em Espetáculos Teatrais do Rio de Janeiro. Começou como vereador. Contou, portanto com dois trunfos: popularidade pré-política oriunda da profissão e a atuação sindical.
(O número de profissões ultrapassa o de deputados porque há sete casos de parlamentares com duas profissões).

[48] Deputado Rubens Bueno, professor de Letras, do Paraná, eleito também pelo PPS, está em sua terceira legislatura. Seu primeiro cargo eletivo foi de deputado estadual no Paraná.

TABELA IV – IV
Profissão e ocupação por partido (2010) (análise vertical)

Profissão ocupação	DEM n	DEM %	PP n	PP %	PSDB n	PSDB %	PMDB n	PMDB %	PT n	PT %	PDT n	PDT %	PSB n	PSB %	PPS n	PPS %	PTB n	PTB %	PR n	PR %	PCdoB n	PCdoB %	PV n	PV %	PSC n	PSC %	OUTROS* n	OUTROS* %
Profissões liberais	11	25,6	14	31,8	18	34,0	29	37,2	18	20,9	12	46,2	12	34,3	5	41,7	6	27,3	10	24,4	4	26,7	–	–	–	–	2	7,4
Total de empresários	29	67,4	26	59,1	20	37,7	27	34,7	7	8,1	7	26,9	10	28,6	7	58,3	14	63,6	22	53,7	0	0	6	42,9	10	58,8	14	51,9
Empresário urbano	20	46,5	20	45,5	10	18,9	18	23,1	6	7,0	6	23,1	9	25,7	5	41,7	9	40,9	14	34,1	–	–	6	42,9	9	52,9	13	48,1
Empresário rural	9	20,9	3	6,8	10	18,9	8	10,3	–	–	1	3,8	1	2,9	2	16,7	2	9,1	6	14,6	–	–	–	–	–	–	1	3,7
Empresáno misto	–	–	3	6,8	–	–	1	1,3	–	–	–	–	–	–	–	–	3	13,6	2	4,9	–	–	–	–	1	5,9	–	–
Setor público	7	16,3	5	11,4	13	24,5	19	24,4	14	16,3	5	19,2	6	17,1	5	41,7	3	13,6	9	22,0	3	20,0	–	–	4	23,5	2	7,4
Professores	2	4,7	4	9,1	4	7,5	8	10,3	21	24,4	2	7,7	3	8,6	1	8,3	–	–	2	4,9	2	13,3	1	7,1	–	–	3	11,1
Comunicadores	3	7,0	3	6,8	1	1,9	4	5,1	1	1,2	2	7,7	5	14,3	–	–	2	9,1	8	19,5	2	13,3	2	14,3	–	–	6	–
Profissões intelectuais	–	–	–	–	1	1,9	6	7,7	5	5,8	2	7,7	2	5,7	–	–	3	13,6	1	2,4	1	6,7	2	14,3	1	5,9	–	–
Políticos	2	4,7	–	–	7	13,2	8	10,3	5	5,8	–	–	5	14,3	–	–	–	–	1	2,4	–	–	1	7,1	1	5,9	–	–
Pastores	–	–	–	–	–	–	–	–	–	–	–	–	2	5,7	–	–	1	4,5	1	2,4	–	–	1	7,1	5	29,4	1	3,7
Empregados não manuais	1	2,3	–	–	–	–	–	–	7	8,1	–	–	–	–	–	–	1	4,5	–	–	1	6,7	1	7,1	1	5,9	–	–
Metalúrgicos									4	4,6	1	3,8	2	5,7	–	–	–	–	1	2,4	1	6,7	–	–	–	–	1	3,7
Técnicos									6	7,0	–	–	–	–	–	–	–	–	–	–	1	6,7	–	–	–	–	1	3,7
Lavradores									6	7,0	1	3,8	–	–	–	–	–	–	–	–	1	6,7	–	–	–	–	–	–
Outras Profissões*	–	–	1	2,3	–	–	1	1,3	2	2,3	–	–	–	–	1	8,3	1	4,5	1	2,4	–	–	1	7,1	–	–	1	3,7
Total das profissões	55	128,0	53	120,5	64	120,7	102	130,8	96	110,6	32	123,1	47	–	19	158,3	31	140,9	56	136,6	16	106,7	15	107,1	22	129,4	31	114,8
Sem informação	1	–	–	–	–	–	1	–	–	–	–	–	–	–	–	–	–	–	–	–	–	–	–	–	–	–	1	–
Bancada na CD	43	–	44	–	53	–	78	–	86	–	26	–	35	–	12	–	22	–	41	–	15	–	14	–	17	–	27	–

Resumo

O conjunto dos deputados que se definiu profissionalmente como empresários é de cerca de um terço da CD. Os empresários urbanos foram, de longe, o setor de onde proveio a maior parte dos políticos que eram (ou são) empresários. Em contraposição, os proprietários rurais somaram somente 8%.

Em ordem de importância, seguiram os profissionais liberais, categoria composta principalmente por bacharéis de Direito, médicos e engenheiros.

Os funcionários públicos, de todos os níveis (federal, estadual e municipal), funções e setores da administração pública, formam o terceiro grupo em ordem de importância.

Os professores e docentes constituem o quarto grupo, aí incluídos os docentes dos estabelecimentos públicos ou privados de todos os níveis de ensino.

No item pastores estão os bispos e pastores das igrejas evangélicas pentecostais e neopentecostais. São onze casos. Os padres da Igreja Católica, apenas três. O conjunto dos deputados originários das classes populares – metalúrgicos, técnicos de nível médio e lavradores – está abaixo de 8%. De modo geral, a distribuição das profissões e ocupações na 54ª CD, como em outras legislaturas, revelou uma casa heterogênea socialmente, na qual os deputados de baixo patrimônio e os milionários são minoritários. Num pólo, os trabalhadores braçais, operários e empregados de escritórios, são menos de 10%. Noutro pólo, os muitos ricos, com bens de valor superior a cinco milhões (35 casos) estão em torno de 7% da CD.

Dos 189 empresários cerca de 20% encontravam-se na faixa de riqueza acima de quatro milhões. Entre os 40 proprietários rurais, a participação subiu para 25,0%. Foi entre os empresários mistos que estavam os mais ricos. Entretanto, no total dos empresários dos três setores, 34,9% tinham patrimônio inferior a um milhão de reais, o que sugere a presença nesse grupo de uma parcela significativa de pequenos ou médios empresários, alguns com patrimônio muito baixo. Por exemplo: nove parlamentares de todos os ramos que se definiram profissionalmente como empresários declaram patrimônio inferior a 200 mil reais.

Coerentemente com a distribuição das profissões por dimensão do patrimônio, as profissões e ocupações de classe alta estão nas legendas dos partidos classificados habitualmente como de direita (PFL/DEM, PP, PTB). As ocupações de classe baixa estão nas legendas tidas como de esquerda (PT e PCdoB). Nos partidos entendidos como de esquerda moderada (PDT e PSB) e nos de centro (PSDB e PMDB) há poucos empresários rurais e mistos, numa ponta, e poucos políticos de classe média ou popular, na outra. Nesse ponto, o PSC, que conseguiu apenas 17 cadeiras, é uma exceção porque, relativamente ao número de deputados que obteve, possui muitos empresários vindos das camadas populares.

No campo da direita, o Democratas elegeu 43 deputados. Desses, quase 70%, eram empresários: 47% do setor urbano e 21% do setor rural. É a legenda com maior número de empresários tanto em termos absolutos como relativos. Na bancada do Democratas, depois do setor empresarial, vêm as profissões liberais e os funcionários públicos. Os professores (habituais nos partidos de esquerda) eram somente 5%. Nenhum técnico, lavrador ou metalúrgico foi eleito pela legenda do DEM.

Depois do Democratas, o partido com maior número de cadeiras conquistadas foi o Partido Progressista (PP). Por essa legenda foram eleitos 44 deputados. Desses, quase 60% eram empresários. O PTB vem em terceiro lugar, com 64% de deputados vindos do setor empresarial. Proporcionalmente, é um número muito próximo do DEM, mas distante em números absolutos porque o PTB só conquistou 22 cadeiras.

Ainda no campo da direita está o recém-fundado Partido da República e o Partido Social Cristão, de menor expressão. O PR elegeu 41 deputados dos quais 22 empresários. Com exceção dos profissionais liberais e de políticos com emprego no setor público e no de comunicações, parlamentares de outras atividades profissionais estão pouco representados no Partido da República. Por sua vez, o PSC, também com forte participação de evangélicos, elegeu 17 deputados, dos quais dez empresários e cinco pastores (uma atividade não exclui outras).

No conjunto dos partidos classificados como de centro, os mais importantes são o Partido do Movimento Democrático Brasileiro e o Partido da Social Democracia Brasileira. O PMDB, com 78 deputados eleitos, é o segundo maior partido da 54ª Legislatura. Agrupa forte proporção de políticos originários das profissões liberais (37%). Há, contudo, a presença significativa de empresários (35%). São, porém, minoritários face aos dois terços de outras profissões e ocupações. Essas são tipicamente de classe média ou de classe média alta, expressadas pelo elevado número de integrantes de sua bancada que vieram do setor público, das profissões intelectuais, da Educação. Há também um grupo de deputados que definimos como "políticos", número mais importante do que nas outras bancadas.

O PSDB tem um perfil sócio-profissional muito semelhante ao do PMDB, porém com um pouco mais (em termos relativos) de empresários e um pouco menos de profissionais liberais. A bancada tucana é composta por 38% de empresários e 34,0% de profissionais liberais. O PSDB, entretanto, tem aproximadamente 20% de deputados que são empresários rurais contra 10% do PMDB. Ambos os partidos assemelham-se no fato de não existirem nas suas bancadas ex-metalúrgicos, lavradores, técnicos e empregados de escritório. O PSDB teve nessa legislatura 13% de "políticos" contra 10% do PMDB.

No campo da esquerda, duas legendas se destacam: a do Partido dos Trabalhadores e a do Partido Comunista do Brasil. Em 2010, o PT elegeu 86 deputados, voltando a ser o primeiro partido com maior número de cadeiras na CD. Ao contrário do que poderia sugerir o nome da legenda, em termos relativos, a maior categoria profissional da bancada petista é a dos professores e de pessoal ligado ao sistema educacional. Vêm, depois, os profissionais liberais. As duas categorias somadas chegam quase à metade do total de integrantes da bancada petista, composição que dá ao PT feições de partido de classe média. Os empresários, praticamente inexistentes nos anos da formação do Partido dos Trabalhadores, chegaram a sete (8,1% da bancada) na 54ª Legislatura). Na 51ª Legislatura (1999-2003) eram 3,4%.

A presença de sete empresários na legenda petista não altera o fato de o PT continuar a ser o partido com maior proporção de trabalhadores manuais na sua bancada: quatro ex-metalúrgicos e seis ex-lavradores em 86. No total, os deputados petistas de classe popular ou trabalhadora, incluindo empregados não manuais, somaram um quarto da bancada, o que significa dizer que o PT, para as classes baixas, continua a ser um canal de acesso importante para a vida pública. Mas os números sugerem a diminuição dos políticos vindos das classes operárias e aumento dos assalariados de classe média, dando força à hipótese de que o PT marcha para ser um partido de classe média. Ou melhor dizendo: de segmentos assalariados de classe média com sindicatos fortes, dando origem a um fenômeno impensável na época de Marx: a sindicalização da pequeno-burguesia.

O Partido Comunista do Brasil elegeu somente quinze deputados. A composição social de sua bancada é muito próxima da do Partido dos Trabalhadores. Como seria de se esperar, na bancada comunista não há nenhum deputado vindo do meio empresarial nem de milionários. Nela, há quatro deputados vindos das profissões liberais; três do setor público; quatro das classes populares (empregado não manual, metalúrgico, técnico e lavrador). Para os deputados de origem mais popular, o PCdoB é, depois do PT, a segunda maior via de entrada na política. A diferença que parece mais significativa entre os dois partidos veio do número baixo de professores em fileiras do PCdoB: apenas dois (13,3%), contra 21 (24,4%) no PT.

Esses aspectos, e mais a inexistência de empresários na bancada do PCdoB, sugerem que a composição social comunista é ligeiramente mais "popular" do que a petista, ou seja, o PCdoB recruta um pouco mais de baixo e atrai menos intelectuais. Contudo, o baixo número absoluto de deputados na sua bancada afeta a comparação entre os dois partidos.

Ainda entre as legendas tradicionalmente colocadas no campo de esquerda, estão dois pequenos partidos que pela sua composição social estariam mais apropriadamente classificados no centro ou centro-direita. Trata-se do PPS (antigo PCB) e do PV. Nesta legislatura, o Partido Popular Socialista elegeu doze deputados. Desses, sete eram empresários, cinco vieram do setor público, quatro eram profissionais liberais, um era professor e um era ator de TV e teatro. Nenhum deputado vindo das classes populares integrou sua bancada. O número de professores, sempre relevante nos partidos de esquerda, é de apenas um. Lembremos que o número de profissões é mais elevado do que o de deputados. No caso, são 19 profissões para doze deputados.

Por fim, o Partido Verde, entendido como de centro-esquerda, com somente 14 cadeiras, tem a metade de sua bancada composta por empresários (seis casos), proporção que lhe dá um perfil social mais comum ao dos partidos de direita.

CAPÍTULO V

Ascensão e declínio de Elites

A análise das profissões e ocupações na 54ª Legislatura considerou um quadro estático. Mostrou somente a composição da classe política na CD eleita em outubro de 2010. Mas não mostrou as mudanças internas decorrentes de cada eleição. Desse modo, não possibilitou captar as linhas de evolução dos setores sociais que aumentam ou perdem espaço na política brasileira. Do prisma de nossos objetivos, não permitiu comprovar ou rejeitar a hipótese de um processo de popularização da classe política brasileira. Para medir a dinâmica da mudança, cumpriria examinar a evolução dos setores profissionais presentes na CD ao longo de algumas eleições. Para tanto, nas linhas seguintes, consideramos mais três legislaturas anteriores (quatro, com a 54ª que acabamos de examinar).

O período abrange os anos em que a presidência da República esteve ocupada por Fernando Henrique Cardoso, Luiz Inácio Lula da Silva e Dilma Rousseff. Foram anos de muitas alterações políticas. No plano eleitoral, que interessa aqui, esses anos foram marcados pelo seguido crescimento da esquerda e recuo da direita. Na CD, do ângulo partidário, talvez o aspecto mais saliente tenha sido o persistente declínio do PFL, atual DEM, e crescimento do PT e, no momento em que escrevemos, avanço do PSB.

Pesquisamos quatro legislaturas: a 51ª (1999-2003), eleita em 1998; a 52ª (2003-2007), eleita em 2002; a 53ª (2007-2011), eleita em 2006 e a 54ª (2011-2015), eleita em 2010 (cujas características sociais de seus integrantes já mostramos). O exame comparado dessas quatro legislaturas possibilita avaliar as tendências de alteração da importância dos variados segmentos sociais na classe política brasileira presente na CD. Especificamente, proporciona elementos para testar a hipótese da popularização da classe política e a ascensão da elite política vinda das classes médias e baixas.

Focalizemos inicialmente a evolução do setor empresarial. Da eleição de 1998 à de 2010, a proporção de empresários no total de cadeiras da CD caiu de 45,2% para 38,6%. A queda no conjunto dos políticos que vieram do setor empresarial só não foi mais acentuada porque os empresários urbanos mantiveram índices estáveis nos dois anos polares (28,5% e 28,3%). Mas a conservação de posição por parte desse segmento não significou necessariamente correspondente permanência de parlamentares das classes ricas na CD. Ocorre que um número significativo de parlamentares incluídos no grupo empresarial era de pequenos empresários. Na 54ª Legislatura, 34,9% do total de deputados que se declararam "empresário" (proprietários, diretores ou membros da alta gerência) tinham patrimônio abaixo de um milhão de reais. No caso dos empresários urbanos, a porcentagem subiu para 42,4%. Por essas cifras, esses pequenos empresários estão mais próximos das classes médias do que das classes ricas. Sua presença na CD não é necessariamente sinal de que a CD esteja se tornando mais elitista ou recebendo políticos vindos dos segmentos endinheirados.

Na CD, a queda mais significativa foi a dos proprietários rurais e mistos, os políticos mais ricos da 54ª Legislatura. Estes dois segmentos demonstraram, em conjunto, um declínio constante. Nos anos focalizados, a participação de deputados que eram empresários rurais baixou de 11,5% para 9,0%, 8,0% e 8,4%. Em números absolutos, o número de deputados desse segmento teve a seguinte redução: 59, 46, 41 e 43. Os empresários com atividades mistas (urbanas e rurais) igualmente tiveram queda acentuada: entre as eleições de 1998 e 2010, no total da CD, caíram de 27 deputados (5,3%) para dez (1,9%), redução de 63%.

Pelos resultados dessas legislaturas e pelo que sugerem os resultados de disputas partidárias em outras instâncias do sistema político, a ascensão da nova elite recrutada das classes médias e populares está ocorrendo principalmente à custa dos proprietários rurais.

Na Constituinte de 1946, os proprietários de terra chegavam a 24% do total. Os constituintes que tinham sido trabalhadores manuais eram 3%, dez casos em 338 parlamentares. Oito deles estavam na bancada do antigo PCB, apparatchiks e dirigentes comunistas de origem operária. Os advogados abrangiam 56% da Constituinte, fato indicativo de que a composição da classe política brasileira vem se tornando mais heterogênea socialmente. Na pesquisa que efetuamos com constituintes eleitos em 1986, 9% se declararam empresários rurais. O número, porém, pode ser ligeiramente mais elevado porque, em 2% dos casos, não foi possível localizar o setor de atividade empresarial.[49] É possível, pois, que entre esses empresários haja empresários rurais.

O recuo dos proprietários de terra na política brasileira não parece vir da perda de importância econômica do setor agrícola, mas do fato de que sua base eleitoral do meio rural ou das pequenas cidades, com eleitorado cativo, está encolhendo. Uma das consequências é o aumento do número de políticos do meio urbano, de classe média, majoritariamente, que captam votos de eleitores citadinos e conseguem derrotar chefes políticos tradicionais com vínculos com a propriedade da terra. Contudo, convém ressaltar, o recuo dos grandes proprietários parece um fenômeno que se aplicaria mais ao plano político do que ao econômico, mesmo porque

---

[49] Cf. Leôncio Martins Rodrigues, *Quem foi Quem na Constituinte*, OESP-Maltese, São Paulo, 1987.

políticos que não eram empresários rurais costumam adquirir terras depois de eleitos e de amealhar algum capital.[50]

Passemos ao exame de outros setores sócio-profissionais que habitualmente são fontes importantes de recrutamento para a classe política. Os profissionais liberais tradicionais (advogados, médicos e engenheiros, especialmente) mantiveram suas posições na CD, com cerca de 28% nas quatro legislaturas analisadas.

A participação do setor público oscilou ligeiramente durante o período. O pico aconteceu na eleição de 2002, quando o número de funcionários públicos na CD chegou a 23,8%. Na eleição de 2010, declinou para 18,7%, a mais baixa no período focalizado.

A participação do setor da educação, que vinha aumentando, também declinou. Na 51ª Legislatura, 15,6% das cadeiras eram de ex-docentes; nas legislaturas seguintes caíram de 16,6% para 12,1% e 10,3%.

É das categorias profissionais referidas acima que sai habitualmente a maior parte dos profissionais da política (empresários urbanos, profissões liberais, burocratas do estado e docentes, geralmente das instituições públicas). Na legislatura eleita em 1998, elas representaram 92,1% de todas as profissões e ocupações presentes na CD (472 em 661 profissões). Na legislatura eleita em 2010, o conjunto dessas mesmas categorias baixou para 435 num total de 629 (69,2%).

O dado fortalece a hipótese de que, do ângulo profissional e ocupacional, a Câmara vem se tornando socialmente mais heterogênea, hipótese decorrente do exame do número de parlamentares de outros meios ocupacionais e atividades profissionais que examinaremos logo abaixo. Todavia, deve-se notar que as alterações das profissões/ocupações na CD são pequenas e que, ao longo do período, o número absoluto de profissões/ocupações dos 513

---

[50] Cf. Alceu Luís Castilho, *Partido da Terra*, op. cit.

deputados foi de 661, 668, 644 e, finalmente 629. (Relembremos que há parlamentares com mais de uma profissão/ocupação. Ver Tabela V – I).

É difícil perceber se as variações sócio-profissionais na CD apontadas anteriormente são apenas oscilações "naturais" do jogo político, ou seja, conjunturais, afetadas em algumas legendas pela presença de um "puxador de votos" ou por outros fatores político-eleitorais capazes de afetar significativamente as disposições de voto do eleitorado.

Avanço das classes populares

Os dados das análises anteriores indicam que a perda de espaço das categorias profissionais de classe alta – habituais abastecedoras da classe política – beneficiou setores geralmente vindos das classes populares e médias. Embora esses segmentos sejam ainda minoritários, a sua ascensão favoreceu a popularização da classe política brasileira. Empregados não manuais, metalúrgicos, técnicos de nível médio e lavradores, na Legislatura de 1999-2003, eram 26 deputados; na eleita em 2010, subiram para 38. Aumento de 46,2%.

Entre as profissões/ocupações que aumentaram seu espaço na CD estão as "profissões intelectuais" (economistas, arquitetos, artistas e outros profissionais de nível educacional alto). Passaram de 18 representantes na 51ª Legislatura para 24 na 54ª. Aumento de 33,3%. Grosso modo, sua expansão favorece o peso das classes médias na arena política.

TABELA V - I
EVOLUÇÃO DAS PROFISSÕES E OCUPAÇÕES NA CD

Profissão/ocupação	1999-2003 51ª Legisl. n	1999-2003 51ª Legisl. %	2003-2007 52ª Legisl. n	2003-2007 52ª Legisl. %	2007-2011 53ª Legisl. n	2007-2011 53ª Legisl. %	2011-2015 54ª Legis. n	2011-2015 54ª Legis. %
Total de empresários	232	45,2	191	37,2	202	39,4	198	38,6
Empresário urbano	146	28,5	124	24,2	146	28,5	145	28,3
Empresário rural	59	11,5	46	9,0	41	8,0	43	8,4
Empresário misto	27	5,3	21	4,1	15	2,9	10	1,9
Profissões liberais	142	27,7	143	27,9	152	29,6	141	27,5
Setor público	104	20,3	122	23,8	107	20,9	96	18,7
Professores	80	15,6	85	16,6	62	12,1	53	10,3
Comunicadores	33	6,4	27	5,3	31	6,0	39	7,6
Profissões intelectuais*	18	3,5	19	3,7	21	4,1	24	4,7
Políticos	8	1,6	20	3,9	24	4,7	30	5,9
Pastores	16	3,1	26	5,1	9	1,8	11	2,1
Empregados não manuais	8	1,6	11	2,1	13	2,5	13	2,5
Metalúrgicos	7	1,4	8	1,6	6	1,2	10	1,9
Técnicos de nível médio	8	1,6	11	2,1	10	1,9	7	1,4
Lavradores	3	0,6	1	0,2	4	0,8	8	1,6
Outras Profissões**	2	0,4	4	0,8	3	0,6	9	1,8
Total das profissões	661	128,8	668	130,2	644	125,5	629	122,6
Bancada na CD		513		513		513		513

OBS.: O número de políticos, empresários, profissões liberais e intelectuais desta tabela difere ligeiramente dos que apresentamos no livro *Mudanças na Classe Política Brasileira*. O motivo foi a obtenção de informações que afetaram ligeiramente o total de deputados de cada categoria, mas não prejudicaram as tendências que, pelo contrário, foram reforçadas. Assim, por exemplo, o número de empresários rurais, que, no trabalho anterior fora registrado como 57 deputados na 51ª Legislatura e de 45 na 52ª, elevou-se para 59 e 46, respectivamente. O fato deveu-se à obtenção de informações mais precisas das atividades exercidas pelos deputados.

* No livro citado as profissões intelectuais foram denominadas de "Outros profissionais";
** Outras Profissões: 1999-2003: padres: dois (0,4%); 2003-2007: padres: dois (0,4%); atletas profissionais: dois (0,4%). 2007-2011: padres: um (0,2%); atleta: um (0,2%); cantor: um (0,2%). 2011-2015: padres: três (0,6%); ator: três (0,6%); jogador de futebol: um (0,2%); autônomo: um (0,2%) e "do lar": um (0,2%).

Políticos, pastores e sindicalistas

Deixamos para o fim os comentários sobre três grupos de atividade que não são habitualmente reconhecidas como profissão ou como emprego:

> i) o dos deputados que foram políticos a vida toda, quer dizer, nunca tiveram qualquer atividade profissional que não a de políticos;
> ii) o dos pastores das igrejas evangélicas (e dos padres católicos, em muito menor medida); e
> iii) o dos ex-sindicalistas.

i) Os "políticos de nascimento". Na 51ª Legislatura, eleita em 1998, tínhamos encontrado somente oito casos de deputados cuja única atividade profissional tinha sido a de político. Pode-se dizer que são os políticos profissionais "mais profissionais", os mais "autenticamente políticos". Seu crescimento contribui para acentuar a "profissionalização" da classe política brasileira e aumentar a coesão grupal e interesses comuns.

Nas legislaturas seguintes, o número dos "políticos de nascimento" saltou para a casa das duas dezenas, chegando, em 2010, a trinta parlamentares. É difícil predizer se o número tenderá a elevar-se porque muitos fatores explicativos se entrelaçam. Uma variável importante é a capacidade dos antigos caciques e redes de parentesco de encaminhar com êxito para a vida pública seus protegidos logo que obtenham a formação universitária (ou mesmo antes). De modo geral, como os que "nasceram políticos" tendem a vir das camadas altas, o aumento na CD do número dos que sempre foram políticos age no sentido de retardar a popularização da nossa classe política.

Mas, em contrapartida, nota-se também que as novas lideranças das elites de origem plebeia em ascensão tendem a produzir descendentes que se encaminham muito cedo para a política.[51] Desse modo, numa espécie de movimento de reprodução, favorecem o aparecimento de novos políticos que não tiveram outra atividade profissional a não ser a de político. Vêm, porém, das classes médias. Ao contrário da situação anterior, contribuem para reduzir o peso das elites tradicionais no interior da classe política. Mas as situações nem sempre são muito nítidas. No grupo dos políticos, há os de famílias muito ricas e os que vieram de classe média tradicional declinante, mas entraram muito cedo na atividade política, começando habitualmente na universidade.

ii) Os pastores das denominações evangélicas vieram quase todos das classes populares.[52] O aumento do número de pastores na CD (e também de evangélicos), quando ocorre, reforça a tendência à popularização da classe política. Esse aspecto diz respeito às origens sociais. Tal como no caso dos sindicalistas, antes da primeira eleição vitoriosa, quer dizer, antes de se tornarem políticos, os pastores já estavam num movimento de ascensão econômica. Muitos recebiam salá-

---

[51] Um exemplo seria o do deputado Zeca Dirceu. Filho do ex-ministro José Dirceu, José Carlos Becker de Oliveira e Silva elegeu-se prefeito de Cruzeiro do Oeste (PR) com trinta anos (2005-2010). Em 2010, com 32, elegeu-se deputado federal, cargo que ocupa no momento em que escrevemos. Na biografia da CD, Zeca Dirceu definiu-se profissionalmente como empresário, atividade que exerceu entre 1998-2003. Declarou possuir cerca de 325 mil reais como patrimônio.

[52] Pelos dados do Diap, a "bancada evangélica" teria 70 deputados na CD e três senadores eleitos em 2010. Radiografia do Novo Congresso – Legislatura 2011-2015, Departamento Intersindical de Assessoria Parlamentar, Brasília, dez. 2010. Por pesquisa mais recente do jornalista Lourival Sant'Anna, seriam 72. Cf. "O Avanço Evangélico nos Parlamentos", *O Estado de S. Paulo*, 21/04/2013. Cumpre notar que em ambos os levantamentos foram considerados os deputados pertencentes às denominações evangélicas e não à profissão de pastor, como no caso desta pesquisa.

rios muito elevados que os colocava, por apenas esse fato, na classe média alta.[53]

O número de pastores na CD diminuiu nas duas últimas legislaturas. Na 51ª Legislatura (1999-2003) havia 16 pastores na Câmara. O número subiu para 26 na 52ª (2003-2007). Declinou, porém, para nove na legislatura seguinte (2007-2011) e chegou a onze na atual. (Tabela V – I).

Dos onze pastores (2,1% das cadeiras), apenas um (Deputado Paulo Freire) foi eleito pela legenda do PR (Partido da República) e cinco chegaram à CD pelo PSC (Partido Social-Cristão). Embora dois pastores tivessem sido eleitos pelo PSB e um pelo Partido Verde, ambos teoricamente de centro-esquerda, a maioria chegou à Câmara por legendas de direita: PSC (5), PTB (1), PR (1) e PRB (1).

Por fim, nas profissões religiosas, os padres são em número muito baixo, indicador do pequeno investimento da Igreja Católica na obtenção de cadeiras na CD. O número de padres oscilou de um a três casos ao longo do período considerado. (Ver nota da Tabela V – I)

iii) Os sindicalistas. Nas tabelas anteriores, referentes às profissões e ocupações na CD, classificamos os sindicalistas pela profissão que exercem antes de conseguirem entrar para a classe política. Agora, nas linhas seguintes, examinaremos o grupo de deputados que vieram do sindicalismo como um grupo à parte, o que significa que estamos considerando a atividade sindical como uma profissão.[54]

---

[53] Cf. Revista *Veja* São Paulo, 16 de janeiro de 2013, João Batista Jr., "Quem quer ser pastor?".

[54] O modelo corporativo de representação de interesses – que se consolidou entre nós e foi aceita pela esquerda apesar de suas feições fascistas – complica o uso do termo sindicato porque ele se aplica às organizações de empregados e de empregadores. Por isso, quando não especificado, estaremos entendendo por sindicato as entidades de empregados ou de autônomos.

O sindicato é uma instituição de representação de interesses submetida periodicamente à aprovação dos associados, isto é, a uma nova eleição. Mas, sob muitos aspectos, é uma profissão. Uma vez obtido um cargo na direção de um sindicato, o sindicalista não mais retorna à profissão original. Passa a viver da profissão de sindicalista e a usufruir de outras vantagens da atividade representativa. Uma visão edulcorada do fenômeno diria que são representantes de uma dada categoria profissional, de assalariados geralmente. Outra visão, talvez mais realista, diria que se trata de uma atividade profissional cujo exercício beneficia antes de tudo os dirigentes sindicais que têm interesses próprios. Mas pode, por vezes, favorecer os membros da categoria profissional ou econômica, no jargão corporativo. As duas visões não se excluem necessariamente. Por um lado, sindicatos de trabalhadores e assalariados não existiriam se não proporcionassem aos seus dirigentes vantagens maiores do que as que obteriam no exercício da profissão que desempenhavam antes de se tornarem diretores de sindicatos.

Por outro lado, porém, teriam dificuldade de permanecer e ascender na função de "dirigentes sindicais" se não conseguissem algum benefício material ou simbólico para os associados, seus "eleitores corporativos". A continuidade na função representativa depende da capacidade de satisfazer a categoria. De outro modo, arriscar-se-iam a serem substituídos por outras lideranças que parecem mais competentes, comparativamente mais preocupadas com "a base". Foi o que aconteceu em fins da década de setenta quando "velhos pelegos" cederam espaço aos "sindicalistas autênticos", aos "combativos" que deram origem à Central Única dos Trabalhadores dos quais muitos, depois da vitória de Lula, passaram a ocupar postos importantes no governo e no Estado.

Diretores de entidades sindicais, pelo menos desde a década de trinta, começaram a atuar de modo institucional na política brasileira, frequentemente ligados ao Ministério do Trabalho. A presença de sindicalistas aumentou com o fortalecimento do PTB na política nacional, especialmente no período Goulart. Mas aconteceu tardiamente se a comparação for com outros países do mundo ocidental desenvolvido.[55]

No Brasil, como é sabido, a entrada maciça de sindicalistas na vida política ganhou novo e maior impulso com o aparecimento e crescimento do PT e a ascensão eleitoral de Lula. No entanto, embora com mais sindicalistas na sua direção do que em qualquer outro partido, o PT não era e nem foi desde seus inícios predominantemente um partido de dirigentes sindicais. Por exemplo: na eleição de 1982, para a legislatura de 1983-87, o PT conseguiu eleger oito deputados federais, dos quais seis de S. Paulo, um do Rio Grande do Sul e um de Minas Gerais. Somente dois eram diretores de sindicatos.[56]

Mas, ainda que o Partido dos Trabalhadores nunca tivesse sido um partido exclusivamente de sindicalistas – no sentido de ser controlado e sustentado pelos sindicatos e dirigido principalmente por sindicalistas, algo semelhante ao Labour Party britânico –, a presença de sindicalistas eleitos pela legenda petista aumentou ao longo do tempo acompanhando o aumento da votação do PT no País. Na legislatura de 1991-1995 (pelos dados do DIAP, que inclui os que têm ligações com os sindicatos e não somente os que neles ocupam cargos), a bancada possuía 25 ex-sindicalistas no Con-

---

[55] Deve-se excluir da comparação os EUA, onde os partidos social-democratas e trabalhistas, salvo breves períodos, sempre foram muito fracos eleitoralmente.
[56] Trata-se de Djalma Bom, dos metalúrgicos de São Bernardo, e de Luiz Dulci, dos professores de Minas Gerais. Posteriormente, o Partido dos Trabalhadores alargou suas bases de apoio. Contudo, recrutou mais nas classes médias do que no proletariado fabril. Sobre as origens do PT e suas transformações, ver Rachel Meneguello, *PT: A Formação de um Partido, 1979-1982,* op. cit.; Margaret E. Keck, *PT. A Lógica da Diferença*, op. cit. Wendy Hunter, op. cit; Wendy Hunter, "Brazil: The PT in Power" in: Steven Levitsky e Kenneth M. Roberts, op. cit., e Lincoln Secco, *História do PT*, op. cit.

gresso. Na legislatura seguinte, o número foi para 36. Passou em seguida para 44. Na legislatura que resultou da eleição de outubro de 2002 (quando da primeira eleição de Lula para a Presidência) foram eleitos 74 sindicalistas.[57]

Esse número sugere a forte presença de trabalhadores e das camadas populares na política brasileira pela via da atividade sindical. Mas o termo trabalhador é ambíguo. Isoladamente, como substantivo, lembra trabalhador manual.[58] A legislação corporativa da CLT não faz distinção entre os white-collars e blue-collars, ou seja, por um lado, os manuais de macacão, operadores de máquina, e, por outro, os empregados não manuais de escritórios. Numa outra terminologia, teríamos operários e empregados. Esses últimos, na conceituação de inspiração marxista, seriam pequeno-burgueses, termo extremamente pejorativo se o pequeno-burguês não for estudante ou intelectual de esquerda.

Conviria, pois, avaliar mais de perto o status social dos sindicalistas na política, no caso, na CD da 54ª Legislatura. Um caminho para isso seria focalizar as categorias profissionais dos sindicatos de onde vieram os diretores de sindicatos, denominados correntemente de "dirigentes ou líderes sindicais". O exame, contudo, não leva a resultados muito confiáveis porque dirigentes de sindicatos de trabalhadores como têxteis, metalúrgicos e de outras entidades, majoritariamente de operários manuais, podem ser empregados de escritórios que se filiam à mesma organização dos manuais. Apesar disso, de algum modo, especialmente para algumas categorias como professores, bancários e outras, já se pode deduzir com segurança que esses dirigentes sindicais não eram trabalhadores manuais e, mais adequadamente, deveriam ser entendidos como de classe média.

---
[57] http://www.diap.org.br, artigo de 15 de julho de 2010.
[58] O termo não tem o significado de trabalho de baixa qualificação, como tem o de trabalhador braçal.

Assim, numa classificação genérica, cerca de 29 dos sindicalistas eleitos e reeleitos em 2010 eram de sindicatos *white-collars*. Os sindicatos ligados à educação eram de longe os mais importantes em número de deputados eleitos. Eram seguidos pelos parlamentares vindos de sindicatos de bancários e de médicos. Por outro lado, 24 deputados tinham sido diretores de sindicatos majoritariamente de trabalhadores fabris manuais, o que não significa que não pudessem trabalhar em escritórios.[59]

Outra indicação do status dos sindicalistas é fornecida pelos níveis de escolaridade. Aproximadamente 70% dos políticos vindos do sindicalismo tinham curso superior completo, um deles com mestrado. De modo geral, a maioria dos parlamentares que foi dirigente sindical veio de entidades de classe média, mais precisamente da classe média assalariada e/ou de categorias com sindicatos fortes.

---

[59] Foram classificados como *white-collars* sindicatos das seguintes categorias: professores, bancários, médicos, economistas, farmacêuticos, arquitetos, metroviários, comerciários, advogados, processamento de dados, engenheiros, servidores municipais, delegados de polícia, telecomunicações, urbanitários e fiscal de renda. Foram classificados como de trabalhadores manuais (*blue-collars*) sindicatos das seguintes categorias: metalúrgicos, motoristas, papel e celulose, têxteis, químicos e petroleiros, ferroviários, gráficos, limpeza urbana, trabalhadores rurais.

TABELA V - II
Tipo de sindicato dos deputados-sindicalistas eleitos em 2010

Tipo de sindicato	n	%
Educação	8	15,1
Bancários	6	11,3
Médicos	5	9,4
Delegado de polícia	2	3,8
Farmacêuticos		1,9
Fiscais de renda		1,9
Artistas		1,9
Engenheiros		1,9
Comerciários		1,9
Metroviários		1,9
Processamento de dados		1,9
Urbanitários		1,9
White-collars	29	54,7
Metalúrgicos	8	15,1
Trabalhadores rurais	5	9,4
Petroleiros	3	5,7
CUT	2	3,8
MST	2	3,8
Motoristas	1	1,9
Têxtil	1	1,9
Papel e celulose	1	1,9
Limpeza urbana	1	1,9
Blue-collars	24	45,3
Total	53	100,0

O PT foi, de longe, a principal porta de entrada para a atividade parlamentar. Assim, em 2006, 56 sindicalistas foram eleitos, dos quais 41 pelo PT, seis pelo PCdoB, três pelo PDT, dois pelo PPS, dois pelo PV, um pelo PMDB e um pelo PSB.[60] Contudo, na

---

[60] O Senado da República não faz parte desta pesquisa. Adiantamos, contudo, que no momento em que escrevemos (fevereiro de 2013) havia sete ex-sindicalistas na Câmara Alta: quatro do PT, dois do PCdoB e um do PSOL, ocupando 8,6% da casa

eleição de 2010, para a 54ª Legislatura, o número de sindicalistas eleitos declinou para 53. Alguns se elegeram por outras legendas que não as do PT e a do PCdoB. Mesmo assim, o PT continuou como o partido preferido de ex-diretores de sindicatos. Nessa eleição de 2010, dos sindicalistas que chegaram à Câmara, 35 eram do PT, sete do PCdoB e quatro do PDT. Os demais sindicalistas dividiram-se entre o PPS (dois), o PV, o PSB, o PSDB, o PRP e o PTdoB, que elegeram um sindicalista cada.

TABELA V - III
Sindicalistas eleitos em 2006 e 2010

Partido	2006		2010	
	n	%	n	%
PT	41	73,2	35	66,0
PCdoB	6	10,6	7	13,2
PDT	3	5,4	4	7,5
PPS	2	3,6	2	3,8
PV	2	3,6	1	1,9
PMDB	1	1,8	-	-
PSB	1	1,8	1	1,9
PSDB	-	-	1	1,9
PRP	-	-	1	1,9
PTdoB	-	-	1	1,9
Total	56	100,0	53	100,0

Na comparação da 53ª Legislatura (2006-2010) com a 54ª (2010-2013), o número de sindicalistas da bancada petista declinou de 41

---

de 81 membros. Todos os seis ex-sindicalistas eleitos em outubro de 2010 (mandato até 2019) vêm de estados com pequenos colégios eleitorais: quatro do Nordeste e dois do Norte. Com exceção do senador Paulo Paim, vindo do sindicato dos metalúrgicos – no Senado desde 2002 (e na política desde 1986) –, todos os demais eram de sindicatos de classe média. As profissões declaradas foram: professores (2), bancários (2), servidor público (1), técnico em comunicações (1), farmacêutico (1), elétrotécnico (1). Dois senadores informaram duas profissões.

para 35 representantes. O fato surpreende porque a bancada do PT, por onde se elege a maioria de ex-diretores de sindicatos, de 2006 para 2010, tinha aumentado de 83 para 86 cadeiras na CD.

Uma hipótese para explicar a diminuição do número de ex-sindicalistas eleitos pelo Partido dos Trabalhadores é a do avanço dos pequenos partidos na representação das classes médias e populares. Em 2006, os 56 sindicalistas eleitos concentravam-se em sete partidos. Em 2010, os 53 sindicalistas na CD distribuíram-se em nove partidos. Pode se tratar de uma simples flutuação eleitoral, mas não se deve descartar a hipótese de que outras legendas, além das do PT e do PCdoB, estejam abrindo a porta para o acesso dos sindicalistas às estruturas de poder. Outra hipótese seria a de que sindicalistas "mais conservadores" estejam se candidatando por fora das legendas de esquerda. Se assim for, provavelmente a importância das organizações sindicais como via de acesso na chamada vida pública aumentará mais.

Resumo

Os empresários de todos os tipos, ramos e dimensão do empreendimento ocuparam o primeiro lugar em ordem de importância na 54ª Legislatura. Os empresários urbanos foram de longe o setor de maior peso relativo no interior do grupo empresarial. Nesse segmento profissional encontram-se muitos pequenos empresários, geralmente industriais e comerciantes. Por isso, a existência de um grande número de deputados que antes da primeira eleição vitoriosa eram empresários não significou o aumento do espaço ocupado pelas classes altas na Câmara.

Foram os empresários rurais e empresários com atividades mistas que mais perderam espaço na CD. Na realidade, trata-se de um movimento começado há certo tempo, correlato à ampliação da importância das classes médias na política brasileira. Desse modo, a redução da presença dos proprietários rurais na política brasileira vem acentuando a popularização da classe política porque, justamente, são os deputados desse setor ocupacional em declínio os mais ricos.

Depois dos empresários, em ordem de importância, seguiram-se os profissionais liberais, categoria na qual os bacharéis de Direito e os médicos compreendem os setores mais importantes. Em conjunto, os deputados que vieram de profissões liberais ocuparam 28% das cadeiras da CD nas quatro legislaturas. Ao que parece, trata-se de um fenômeno estabilizado.

A burocracia pública constitui a terceira fonte de recrutamento político em ordem de importância. É um setor muito heterogêneo do prisma sócio-profissional: inclui desde a alta burocracia até pequenos funcionários. No período, sua presença na CD variou em torno de 20%.

Vêm em seguida os professores e políticos com atividades ligadas à educação, a maior parte do ensino superior e das instituições públicas. Foram cerca de 10% dos deputados da 54ª Legislatura. Mas essa categoria oscilou ao longo do período.

Os profissionais dos setores de comunicação, da mídia escrita e falada, do rádio e da TV, compuseram cerca de 8% dos membros da CD eleita em 2010. Ao longo do período, o número de cadeiras ocupadas pelos "comunicadores" cresceu de 6,4% para 7,6% (taxa de crescimento de 17%). No mercado de trabalho nacional, os profissionais da comunicação representam um grupo pequeno. Mas, se essa dimensão quantitativa age no sentido de reduzir a oferta de candidatos na arena eleitoral, do ângulo qualitativo os profissionais da comunicação gozam de outras vantagens que lhes facilita a entrada na vida pública. São favorecidos por uma popularidade pré-carreira política.

As profissões intelectuais vêm a seguir. Na falta de melhor designação, foram denominados por esse nome os profissionais de nível cultural alto cuja atividade profissional às vezes pode ser exercida sem diploma de curso superior. Foram incluídos num grupo separado dos profissionais liberais tradicionais com atividades já institucionalizadas e controladas por ordens corporativas (advogados, médicos e engenheiros). O setor das profissões intelectuais aumentou ligeiramente seu espaço na política brasileira, fato que operou a favor do crescimento das classes médias no grupo político nacional. De modo geral, a expansão desses políticos sugere a existência de uma sociedade mais diversificada profissionalmente.

As demais categorias profissionais e ocupacionais preenchem pequeno espaço na CD. Os pastores das igrejas evangélicas foram apenas onze casos. Mas são ainda um número muito maior do que os padres, que são apenas três.

Os trabalhadores não manuais, fabris e lavradores somaram 38 casos (7,4% da 54ª Legislatura). Sua presença na classe política relaciona-se fortemente com a existência de sindicatos fortes, como é o caso dos bancários e dos metalúrgicos.

As variações no número dessas categorias têm sido pequenas: em torno de 2% em cada eleição. A exceção, tendo como referência a eleição de 2010, foi a dos trabalhadores rurais, que, embora em pequeno número, pularam de três para oito (0,6% para 1,6% da Câmara). (Tabela V-I).

A distribuição das profissões e ocupações nesta CD, como em outras legislaturas, mostra uma instituição heterogênea em termos de profissão e fortemente desigual em termos de renda e, obviamente, em termo de poder e influência. Mas tudo indica que, socialmente, as classes médias tornaram-se predominantes na CD. Os deputados de baixo patrimônio, num pólo, e os de altíssimo patrimônio, no outro, são minoritários. Numa ponta, trabalhadores braçais, operários e empregados de escritórios, como já apontado. Noutra ponta, os muitos ricos, com bens de valor superior a cinco milhões são 6,8%. Há predominância, portanto, de deputados originários dos estratos intermediários. Mas é difícil localizar com alguma precisão de quais camadas das classes médias. As posições nas estruturas sociais não são fixas. E os políticos estão majoritariamente em movimento, de ascensão geralmente.

A distribuição dessas profissões/ocupações pelas legendas partidárias não se fez de modo aleatório. As profissões e ocupações de classe alta estão majoritariamente, por vezes de modo esmagador, nos partidos de direita (PFL/DEM, PP, PTB). As ocupações habitualmente de classe baixa correlacionam-se a partidos de esquerda (PT e PCdoB). Nos partidos classificados habitualmente como de esquerda moderada (PDT e PSB) há uma proporção alta de profissionais liberais tradicionais e de empresários e funcionários públicos e poucos professores e empregados não manuais, operários e trabalhadores rurais. Nos de centro (PSDB e PMDB) há, por um lado, menos deputados com alto patrimônio do que nos partidos de direita e, por outro lado, menos deputados de baixo patrimônio do que nos partidos de esquerda, como costuma acontecer, aliás. Grandes empresários nos partidos de direita; professores, trabalhadores manuais e assalariados, nos partidos de esquerda, fato que sugere perfis socioeconômicos singulares nos partidos brasileiros que não se distinguem fortemente pela coerência ideológica.

CAPÍTULO VI

Mudanças partidárias na CD

Recuo da direita

A composição social da CD (e outras instâncias do sistema político) tende a variar com o espaço que nelas ocupam partidos que não são iguais socialmente. A perda de voto das legendas com alta proporção de políticos vindos do setor empresarial atua no sentido de reduzir o espaço das classes altas. Obviamente, e de modo contrário, o crescimento das bancadas das legendas com maior proporção de deputados das classes médias e populares amplia o espaço ocupado por esses segmentos. Em termos ideológicos e partidários, aumenta a força da esquerda e enfraquece a da direita. Embora possa ocorrer pela via de partidos de centro e de direita, a popularização da classe política tende a se dar principalmente pela via dos partidos de esquerda.

Examinar esse movimento envolvendo diferentes legislaturas de outros órgãos do sistema político brasileiro implicaria outra pesquisa. Mas convém oferecer alguns elementos que podem dar suporte às afirmações anteriores, ou seja, o exame da evolução das bancadas partidárias ao longo das legislaturas da CD. Como fizemos com relação às profissões, focalizamos quatro eleições para a CD, de 1998 a 2010, e comparamos a realização das legendas por partido.

Classificações ideológicas, sabemos, se prestam a discussões. Nesse momento de predominância de valores de esquerda, do politicamente correto, os políticos geralmente não gostam de se definir como "de direita". Preferem ser entendidos como de esquerda ou de centro-esquerda. O campo da esquerda encararia valores e condutas mais nobres e idealistas.

Já dissemos, e convém repetir, que não interessa se os partidos são "verdadeiramente" de esquerda. Ficamos no campo da aparência. Seguimos aqui a classificação mais correntemente aceita pelos cientistas políticos e pela opinião pública. Seriam de esquerda os partidos que se definem como tal. Um problema, contudo, vem do fato de que os classificados como de direita não gostam de ser entendidos desse modo. Não se dizem de direita. Seriam de centro, ou não seriam nem de direita, nem de centro nem de esquerda.[61]

A percepção comum, no entanto, impõe-se. Por ela, não dá para classificar o DEM no campo da esquerda nem o PT no da direita. Seguiremos, portanto, a opinião predominante, de senso comum.

Com essas observações, passemos a examinar a evolução dos partidos nas legislaturas do período.

A esquerda

No campo dos partidos considerados de esquerda, como já foi mencionado, há duas legendas principais: a do PT e do PCdoB.[62] O PT, na legislatura eleita em outubro de 1998, conseguiu uma

---

[61] Um exemplo: na pesquisa que realizamos com deputados federais eleitos para a Constituinte de 1986, que elaborou a atual Constituição, apenas 6% se definiram como de direita; 37% como de centro; 52% como de centro-esquerda e 5% como de esquerda radical. Ninguém disse que era da direita radical. Leôncio Martins Rodrigues, *Quem é Quem na Constituição,* Oesp-Maltese, São Paulo, 1987.

[62] Há, ainda nesse campo, dois minipartidos: o PSOL e o PMN. O PSOL elegeu três deputados em 2006 e três em 2010; o PMN elegeu três em 2006 e quatro em 2010.

bancada de 59 deputados (11,5% da CD); para a de 2003-2007, subiu para 91 deputados (17,7%); para a legislatura de 2007-2011, 83 (16,2%); para a de 2011-2015, 86 (16,8%). O melhor resultado petista no período veio da eleição de 2002 (52ª Legislatura), ano da primeira vitória de Lula para a Presidência da República, quando o PT ganhou 91 cadeiras (17,7%). Os mesmos ventos político-ideológicos que sopraram a favor do PT na disputa presidencial provavelmente favoreceram a legenda nas disputas para o legislativo federal. Mas o Partido dos Trabalhadores, apesar de controlar o governo federal e de possuir um leque importante de alianças, não conseguiu, até agora, passar de 20% das cadeiras da CD.

Não seria preciso dizer que conquistas no aparelho governamental, em especial do governo federal, aumentam a oferta de benefícios individuais para os militantes e simpatizantes ligados aos partidos vencedores, PT basicamente. Se todos os demais fatores forem iguais, a demanda por funções na administração pública tende a ser mais intensa e numerosa quanto mais o partido se apoia nas camadas populares e de classe média.

Num estudo sobre a ocupação do estado pelo governo petista, Maria Celina D'Araújo encontrou cerca de 80 mil cargos de confiança num total de 1,1 milhões de funcionários públicos federais. Desses cargos de confiança, 20.800 eram de Direção e Assessoramento Superiores (DAS) e de Natureza Especial (NES), ou seja, de indicação política. Mais de 40% dos nomeados tinham filiação sindical e envolvimento com movimentos sociais. Em torno de 83% eram filiados ao PT.[63]

O PCdoB cresceu bastante mas permaneceu na classe dos pequenos partidos. Foi de sete deputados, na eleição de 1998 (1,4% das cadeiras), para quinze na de 2010 (2,9%).

---

[63] Cf. Maria Celina D'Araujo, *A Elite Dirigente do Governo Lula*, CPDOC/FGV, Rio de Janeiro, 2009, pp. 24 e 54.

No campo dos partidos de centro-esquerda, há dois partidos mais significativos: o PDT e o PSB. Ao longo do período, o PDT, oriundo do antigo PTB getulista, manteve suas posições na CD. Tinha 25 parlamentares em 1998 (4,9%); elegeu 26 em 2010. Ou seja, ficou em 5,1% do total. O PSB teve forte crescimento: passou de 18 deputados (3,5%) para 35 (6,8%).

O CENTRO

Os dois maiores partidos de centro declinaram, o PMDB bem menos do que o PSDB. Entre as eleições de 1998 e a de 2010, o PMDB caiu de 83 para 78 deputados, ou seja, de 16,2% para 15,2% da CD. Mas, de modo geral, o PMDB manteve seu espaço de segundo maior partido em número de cadeiras no legislativo federal. Seu melhor resultado foi o das eleições de 2006, quando obteve 89 cadeiras (17,3% da CD). Chegou a ser o partido com maior número de deputados federais, superando o PT que controlava a Presidência da República. Na eleição seguinte de 2010, porém, baixou para 15,2% e o primeiro posto retornou ao Partido dos Trabalhadores.

O PSDB, tal como PMDB, definido habitualmente como de centro, mas de oposição do governo petista, sofreu perdas mais acentuadas. Na eleição de 1998, ano de reeleição de Fernando Henrique, tinha conseguido 19,3% da CD. A partir daí declinou sucessivamente. Em 2010, ficou com apenas 10,3%. Juntos, PMDB e PSDB, os dois maiores partidos de centro, declinaram de 35,5% para 25,5%, o que dá para os dois partidos de centro em conjunto (um a favor do governo, outro contra) cerca de um quarto das cadeiras na Câmara.

A DIREITA

A direita, com exceção do PR que examinaremos depois, sofreu redução ainda mais expressiva do que os partidos de centro. O DEM ex-PFL havia obtido 105 cadeiras em 1998 (20,5% da CD). Todavia, em cada eleição subsequente foi perdendo cadeiras: 84, 65 e por fim, depois da eleição de 2010, ficou com apenas 43 cadeiras (8,4% da Câmara). Ao longo dessas eleições (1998-2010), o DEM encolheu 59%.

Segundo maior partido de direita, o PP, governista, elegera 60 deputados (11,7%) para a legislatura de 1999-2003. No período assinalado, perdeu espaço a cada disputa, chegando a somente 8,6% dos deputados na legislatura de 2011-2015.

No mesmo período, o PTB, terceiro maior partido do campo da direita, declinou de 6,0% para 4,3%. No conjunto, essas três legendas consideradas de direita tiveram suas bancadas reduzidas de 196 a 109 deputados, 56% do que possuíam em 1998.

A exceção nesse campo é dada pelo PR (ex-PL). O Partido da República passou de doze deputados (2,3% da CD) para 41 (8,0%). A sigla não existia antes da eleição de 2002. Surgiu em fins de 2006. Resultou da fusão do Partido Liberal com o PRONA (Partido da Reedificação da Ordem Nacional), conhecido por ser a legenda do deputado Enéias Carneiro ("Meu nome é Enéias!"). A intenção de unir PR ao PRONA era superar a cláusula de barreira dos 5% de votos imposta pelo Tribunal Superior Eleitoral. Individualmente, os dois partidos perderiam os benefícios concedidos pela legislação, tal como acesso à verba do fundo partidário e ao horário eleitoral gratuito.

A trajetória político-ideológica do Partido Liberal parece mais contraditória política e ideologicamente do que a da maioria dos partidos brasileiros. O PL foi criado em 1985. Obteve no TSE registro permanente em 1988, ano em que apoiou o liberal João

Mellão Neto para prefeito de S. Paulo. Em 1989 apoiou o também liberal Guilherme Afif Domingos para a Presidência da República. Em 1994, apoiou Fernando Henrique Cardoso para presidente. Em 1998 apoiou Ciro Gomes para o mesmo cargo. Em 2002, porém, estabeleceu alianças à esquerda: uniu-se ao PT, ao PCB, ao PCdoB e ao PMN para apoiar Lula. Foi uma aliança direita-esquerda, pouco usual na história dos partidos, mesmo dos brasileiros.

Assim, na chapa de Lula, um dos principais dirigentes do PL, o industrial José Alencar, foi eleito vice-presidente da República. O PL tinha fortes vínculos com o eleitorado evangélico.[64] Muitos pastores concorriam por sua legenda, como já indicamos. A vice-presidência da República, a boa relação com o PT e mais a adesão à sua legenda de políticos importantes – geralmente ligados às igrejas evangélicas, mas com rica trajetória partidária – parecem os principais fatores que possibilitaram ao PR crescer na contramão do clima ideológico que castigou os demais partidos de direita.

---

[64] Sem estabelecer qualquer ordem de importância, cabe mencionar os seguintes políticos evangélicos no atual PR:
– Anthony Garotinho, locutor, aliado aos evangélicos pentecostais. Foi governador do Estado do Rio de Janeiro. Começou na política pelo PT. Depois passou para o PDT; em seguida para o PSB, o PMDB e, por fim, para o PR. Começou na política como prefeito de Campos (RJ);
– Magno Malta, senador do Espírito Santo pelo ex-PL. É pastor evangélico. Foi membro da banda gospel "Tempero do Mundo". Esteve filiado às seguintes legendas: PTB, PMDB e PST. Começou como vereador de Cachoeiro de Itapemirim (ES).
– Blairo Maggi, empresário rural, um dos maiores produtores de soja do mundo. Foi do PPS. Abandonou o antigo PCB para apoiar Lula. Está agora no PR.
– Valdemar da Costa Neto. Começou a carreira política depois de ocupar vários cargos na prefeitura de Mogi das Cruzes (SP). Elegeu-se deputado federal em outubro de 1990. Foi da Arena, do PDS, do PL e depois do PR. Renunciou ao mandato em 2005. Esteve envolvido no caso do mensalão e foi condenado pelo STF.
– Bispo Rodrigues, ligado à Igreja Universal do Reino de Deus. Elegeu-se deputado federal pela primeira vez pela legenda do PFL. Renunciou ao mandato em 2005. Foi condenado pelo STF por envolvimento no caso do Mensalão.

TABELA VI - I
Evolução das bancadas na CD

Partido	51ª legislatura 1999-2003 n	51ª legislatura 1999-2003 %	52ª legislatura 2003-2007 n	52ª legislatura 2003-2007 %	53ª legislatura 2007-2011 n	53ª legislatura 2007-2011 %	54ª legislatura 2011-2015 n	54ª legislatura 2011-2015 %
PT	59	11,5	91	17,7	83	16,2	86	16,8
PMDB	83	16,2	75	14,6	89	17,3	78	15,2
PSDB	99	19,3	70	13,6	66	12,9	53	10,3
PP (PPB)	60	11,7	49	9,6	41	8,0	44	8,6
DEM (PFL)	105	20,5	84	16,4	65	12,7	43	8,4
PR (PL)	12	2,3	26	5,1	23	4,5	41	8,0
PSB	18	3,5	22	4,3	27	5,3	35	6,8
PDT	25	4,9	21	4,1	24	4,7	26	5,1
PTB	31	6,0	26	5,1	22	4,3	22	4,3
PCdoB	7	1,4	12	2,3	13	2,5	15	2,9
PV	1	0,2	5	1,0	13	2,5	14	2,7
PPS	3	0,6	15	2,9	22	4,3	12	2,3
OUTROS	10	1,9	17	3,3	25	4,9	44	8,6
PSC	2	0,4	1	0,2	9	1,8	17	3,3
PRB	-	-	-	-	1	0,2	8	1,6
PMN	2	0,4	1	0,2	3	0,6	4	0,8
PTdoB	-	-	-	-	1	0,2	4	0,8
PSOL	-	-	-	-	3	0,6	3	0,6
PRP	-	-	-	-	-	-	2	0,4
PHS	-	-	-	-	2	0,4	2	0,4
PRTB	-	-	-	-	-	-	2	0,4
PTC	-	-	-	-	3	0,6	1	0,2
PSL	1	0,2	1	0,2	-	-	1	0,2
PRONA	1	0,2	6	1,2	2	0,4	-	-
PAN	-	-	-	-	1	0,2	-	-
PSD	3	0,6	4	0,8	-	-	-	-
PST	1	0,2	3	0,6	-	-	-	-
PSDC	-	-	1	0,2	-	-	-	-
Total da CD	513	100,0	513	100,0	513	100,0	513	100,0

Resumo

A distribuição das profissões/ocupações na CD tende a variar de acordo com o peso dos segmentos sociais representados no seu interior. Essa relação decorre do fato de que os partidos brasileiros, apesar de acordos partidários incongruentes e da dificuldade de localização de sua ideologia, têm perfil social relativamente diferenciado, de modo que as *performances* de cada legenda afetam a composição social da CD.

Nas últimas quatro legislaturas os partidos de centro e de direita declinaram na Câmara. Mas esse declínio foi afetado pelas alianças políticas que levavam à maior proximidade ou ao maior afastamento do governo. Os partidos de centro e de direita que faziam parte da base de apoio ao governo do PT tiveram perdas menores do que os que estavam na oposição. O fato sugere que a proximidade com o governo Lula (de "esquerda") de algum modo escondia o perfil ideológico de "direita" dos seus aliados, como o PP e o PR. Se assim é, a perda de votos dos partidos de centro e de direita não derivaria tanto de uma improvável guinada à esquerda da massa de seus eleitores, mas de outros fatores decorrentes da aliança com o PT, mais exatamente, o pertencimento ao campo do lulismo.

Os êxitos eleitorais dos partidos de esquerda favorecem a popularização da classe política porque é nesses partidos que os deputados de classe média e popular são em maior número.

CAPÍTULO VII

Milionários e remediados

A massificação das disputas eleitorais, especialmente em países de grande eleitorado como o nosso, eleva extraordinariamente o preço da luta pelo poder. Focalizando apenas essa variável, campanhas cada vez mais caras dificultariam a ascensão política dos mais pobres e favoreceriam os mais ricos. Mas a riqueza pessoal não é a única variável a ser levada em conta. Se fosse assim, o poder político tenderia a permanecer nas mãos das classes altas, do capital, numa visão marxista simplificada. A popularização da classe política e a democratização do sistema político seriam mais limitadas apesar da ampliação do corpo eleitoral.

Contudo, nas disputas pelo poder, ricos e remediados utilizam recursos que não os dos próprios bolsos, mas de contribuintes, públicos e privados, e de entidades associativas. O custo astronômico da atividade eleitoral faz com que grande parte dos esforços dos partidos dirija-se à captação de apoio financeiro, ou seja, de dinheiro alheio. O fato, de algum modo, "democratiza" o acesso à arena política porque os mais pobres e os de classe média podem entrar na disputa partidária competindo com os endinheirados.

Mesmo assim, os mais ricos deveriam levar vantagem no esforço de abastecer a caixa de campanha: não só têm mais recursos pessoais, como estão mais próximos dos que podem fazer doações mais vultosas, dos que controlam setores da administração pública, dos que dirigem entidades mais inclinadas a ajudar candidatos da mesma classe social com os quais se identificam e partilham certos interesses e valores.

Desse ângulo, a massificação do processo eleitoral prejudicaria os políticos vindos das classes médias e populares e favoreceria os que vêm das camadas ricas. A extensão do corpo eleitoral – um indicador de democratização – ao encarecer os custos de entrada na classe política beneficiaria o capital econômico. Os ricos, afinal, contam com mais recursos para metamorfosear dinheiro em votos, geralmente captados de eleitores pobres "sem consciência de classe", com título eleitoral, mas pouco interessados em política. Como acham que seu voto não irá alterar sua situação econômica, preferem trocar seus votos por dinheiro no bolso.[65] Mas, nas democracias de massas, os candidatos vindos das classes médias e populares têm seus recursos e podem trilhar outros caminhos para entrar na classe política e ter êxito na vida pública.

Para tornar mais perceptíveis as estratégias e instrumentos usados pelas diferentes classes, separamos dois grupos polares definidos em termos de riqueza individual, mais exatamente, pela dimensão do patrimônio. Exacerbamos, assim, diferenças e características, algumas das quais já apontadas no capítulo precedente. A intenção era obter correlações mais "puras". Separamos, de um lado, os cinquenta deputados com patrimônio inferior a 193 mil reais (em números redondos), os mais pobres. É conveniente alertar que não

---

[65] A influência do dinheiro nas campanhas eleitorais de massa é mais do que conhecida: doações para clubes e associações; compra de apoio de lideranças locais; forte investimento na popularização do nome em banners, outdoors, faixas e cartazes de ruas; distribuição de panfletos nos pontos movimentados das cidades; aquisição de maior espaço na mídia; donativos pessoais a eleitores pobres; abertura de mais comitês eleitorais; caravanas de visitas a bairros da periferia, apoio a entidades beneficentes, favores pessoais a lideranças e potenciais eleitores etc. A essas ações voltadas para potenciais eleitores, acrescentemos outras que se efetuam nas cúpulas: ampliação de alianças partidárias (acordos com partidos, prefeitos, vereadores, líderes municipais), financiamento de campanhas eleitorais de políticos menos providos de recursos ("dobradinhas" com candidatos a deputado estadual, por exemplo).

são exatamente pobres. São mais pobres em termos relativos. A maioria é de ex-pobres.

Do outro lado, ficaram os cinquenta com maior patrimônio, os milionários, com bens de valor acima de 3,3 milhões de reais (valores de 2010). Seriam os mais ricos.

A soma do valor total dos bens dos mais ricos é de 785,4 milhões de reais contra 4,8 milhões dos pobres, ou seja, cerca de 163 vezes mais. O valor médio dos mais ricos foi de 15,7 milhões; o dos mais pobres, os pobres, de 96 mil.

QUADRO VII - I
PATRIMÔNIO DOS DEPUTADOS MAIS POBRES E MAIS RICOS (EM REAIS)

Patrimônio	Mais ricos	Mais pobres
Total do patrimônio do grupo	785.422.000,00	4.827.272,00
Média patrimonial do grupo	15.708.450,80	96.545,00

A diferença na dimensão de recursos econômicos entre os dois grupos não se reflete de modo proporcional na soma de votos recebidos. O capital econômico não basta por si mesmo para resultar numa esmagadora vantagem para os milionários. Em termos de votos, o total da votação dos ricos é de apenas 1,3 vezes a soma do total dos mais pobres. Os que vieram das classes médias e populares, como já se observou, têm outros trunfos e tendem a utilizar outras portas de entrada na arena política que compensam o peso do fator econômico na competição eleitoral. O dinheiro ajuda muito, mas não é tudo.

QUADRO VII - II
VOTAÇÃO DOS MAIS POBRES E DOS MAIS RICOS — 54ª LEGISLAÇÃO

Votação	Mais ricos	Mais pobres
Total de votos	6.879.150	5.246.156
Média dos votos	137.583	104.923

Nos dois grupos de renda há parlamentares em diferentes estágios da carreira. Alguns estão estreando na política; outros, dela já faziam parte antes da eleição para a 54ª Legislatura; outros, são veteranos na CD. A variável "tempo na política", certamente, favorece o aumento do patrimônio e da renda, especialmente para os de classe média e popular, se mais não for pelo simples aumento dos proventos recebidos como deputado e outros benefícios monetários e não monetários. Mas não é fácil saber quanto a entrada na profissão política eleva a renda pessoal.

Os casos e as situações individuais são muito variados e difíceis de detectar. Em termos relativos, no entanto, os mais pobres são os que mais ascendem com a entrada na vida pública, os que mais se beneficiam da atividade política vitoriosa. Em contrapartida, se todos os demais fatores forem iguais, para os mais pobres os prejuízos de derrotas políticas são muito mais elevados do que para os ricos. Contudo, dificilmente ficam na pobreza ou retornam à situação pré-política, ou seja, à atividade profissional anterior. No interior da classe política, há uma solidariedade – não formalizada, mas eficiente – que ampara os derrotados com algum cargo público ou partidário.

Os números anteriores ofereceram um quadro estático da distribuição patrimonial dos parlamentares. O valor dos bens declarados com o qual estamos trabalhando é o do momento do registro da candidatura para a eleição de outubro de 2010. Como as etapas nas carreiras não são as mesmas, deputados de extração mais popular, muitos deles ex-sindicalistas, já veteranos na CD, declararam patrimônio superior a um milhão de reais. Desse modo, não fizeram parte da lista dos cinquenta de menor patrimônio, mesmo que pudessem ter renda bem mais baixa na sua profissão antes de se elegerem para a presidência de suas entidades sindicais e da posterior eleição para a CD, posição que seguramente elevou ainda mais seus patrimônios.

Assim, com vários mandatos na vida política, esses parlamentares vindos do sindicalismo aumentaram o valor de inicial de seus bens e atualmente não estão entre os de patrimônio igual ou inferior a 193 mil.[66] Em termos de renda e patrimônio, os ex-sindicalistas e ex-dirigentes de movimentos e associações de massa já não fazem parte das classes populares. Provavelmente estão entre os deputados que mais subiram de status com a atividade sindical e política.

As próximas secções oferecem alguns dados que ajudam na caracterização dos dois grupos de renda, o dos mais pobres e o dos mais ricos. Suas características aparecerão mais nitidamente do que nas análises anteriores que focalizaram o universo da CD. Contudo, nosso esforço descritivo de ambos os grupos ficará limitado à distribuição das profissões/ocupações e legendas partidárias. Essas são as variáveis mais importantes para a localização das armas e estratégias que remediados e milionários empregam na luta política.

I – As profissões dos pobres e dos ricos

A distribuição das profissões/ocupações, como não poderia deixar de ser, tem relação com a dimensão da riqueza. No grupo dos deputados de baixo patrimônio, a diversidade profissional e ocupacional é mais acentuada. Entre os pobres, *et pour cause*, estão profissões/ocupações ausentes nos grupos dos milionários: metalúrgicos (três casos), empregados não manuais (dois casos) e, com um cada: técnico, pastor evangélico e lavrador, num total de três. No grupo dos mais ricos predominaram os empresários, especialmente os empresários rurais e os de atividades mistas. (Tabela VII-I, mais abaixo).

Os empresários de todos os tipos e ramos (n=46) somaram 37 deputados no grupo dos ricos e nove no grupo dos mais pobres.

---

[66] Vale citar, pela sua importância como líder sindical, o deputado Vicentinho (PT/SP), metalúrgico, ex-presidente do Sindicato dos Trabalhadores Metalúrgicos de S. Paulo e ex-presidente da CUT. Declarou patrimônio no valor de R$ 278.396,00. Tomaria muito espaço a citação de outros casos.

Considerando apenas os empresários rurais (n=12), houve onze casos no grupo dos ricos contra um no grupo dos mais pobres. Os empresários com atividades mistas (n=8) estão entre os mais ricos.

(Pelo senso comum, surpreende a existência de oito empresários urbanos entre os deputados mais pobres. Mas o exame de suas declarações patrimoniais mostra que são pequenos empresários, cinco deles declararam patrimônio inferior a cem mil reais).

Os profissionais liberais, em ambos os grupos, constituem a segunda profissão/ocupação (n=16). Eles se distribuem de igual modo em ambos os grupos. Trata-se de uma atividade, não seria preciso dizer, na qual podem coexistir profissionais muito ricos e outros de renda bastante modesta. Como se sabe, o diploma universitário, isoladamente, não é mais, como no passado, um indicador consistente de status social e renda.

Em terceiro lugar, vem o setor público, com onze políticos, oito deles no grupo dos mais pobres.

Em quarto lugar, estão os comunicadores, quase todos no grupo dos pobres: oito contra um no grupo dos ricos.

Em quinto, estão os professores, seis no grupo dos mais pobres contra apenas um entre os mais ricos.

Em sexto, os deputados das profissões intelectuais (n=5). Estão todos no grupo dos mais pobres.

Na tabela seguinte há mais informação sobre outras profissões/ocupações que deixamos de mencionar por se tratar de um número muito pequeno de ocorrências. Assinalamos, porém, nove "políticos", sete entre os mais ricos e dois entre os mais pobres. A presença desses dois indica que, mesmo entre os mais pobres, alguns conseguiram abandonar a profissão original e entrar para a classe política.[67]

---

[67] Trata-se dos deputados José Airton (PT/CE) e Hugo Motta (PMDB/PB). José Airton começou a atividade política pelo movimento estudantil. Hugo Motta, apesar de declarar baixo patrimônio, vem de uma família de políticos. O avô foi deputado federal; a avó deputada estadual e o pai prefeito de Patos (PB).

De modo geral, como se pôde notar, a correlação das variáveis "dimensão do patrimônio" vs. "profissão/ocupação" foi congruente com a observada comumente na sociedade e com a que encontramos quando a correlação referia-se à totalidade dos deputados da CD dos quais se teve informação sobre a dimensão dos bens (N=491).

TABELA VII-I
Pobres e Ricos – Profissões/ocupações vs. patrimônio
(Em números absolutos)

Profissões/ocupações	Pobres	Ricos	Totais
Total de empresários	9	37	46
Empresário urbano	8	18	26
Empresário rural	1	11	12
Empresário misto	–	8	8
Profissões liberais★	8	8	16
Setor público	8	3	11
Comunicadores	8	1	9
Professores	6	1	7
Profissões intelectuais★★	5	–	5
Políticos	2	7	9
Metalúrgico	3	–	3
Técnico	1	–	1
Pastor	1	–	1
Empregado não manual	2	–	2
Lavrador	1	–	1
Outras Profissões★★★	4	–	4
Total das profissões declaradas★★★★	59	57	116
Total do grupo	50	50	100

★ Profissões liberais: advogados, médicos, engenheiros, dentista e contador.
★★ Profissões intelectuais: músico, sociólogo, enfermeiro.
★★★ Outras profissões: padre, cantor e ator.
★★★★ 16 deputados tinham mais de uma profissão/ocupação.

II – Partidos dos mais pobres e partidos dos mais ricos

A tabela seguinte indica as legendas pelas quais os deputados dos dois grupos patrimoniais chegaram à 54ª Legislatura. Não necessariamente foram as mesmas pelas quais obtiveram o primeiro cargo eletivo. Contudo, as migrações partidárias foram pequenas, em especial no bloco dos que têm baixo patrimônio. A maioria dos parlamentares, tanto no grupo dos milionários, como no dos ex-pobres tendeu a permanecer fiel à legenda pela qual se elegeu pela primeira vez.

Ante a alta taxa de migração partidária do país, o fato pode parecer estranho. Aceitando as observações de dois cientistas políticos que entendem a troca de legenda como uma estratégia racional de sobrevivência política,[68] pode-se levantar a hipótese de que o baixo índice de trocas de legendas nos dois grupos de renda é indicativo de que tanto os deputados milionários como os de baixo patrimônio encontravam-se à vontade em seus partidos. Seriam legendas que facilitariam suas oportunidades eleitorais, especialmente no caso dos mais pobres. Não teriam espaço e probabilidades elevadas de êxito em partidos controlados por milionários. Nem esses estariam à vontade nos partidos em que os ex-pobres fossem muito numerosos. Ocorre, como mostraremos a seguir, que a escolha das legendas se relaciona com a dimensão do patrimônio: remediados de um lado; milionários, de outro.

O grupo dos ex-pobres

Comecemos a análise pelo grupo dos ex-pobres. O PT é de longe a principal legenda nesse grupo. Seguem-se o PSB e o PCdoB,

---

[68] Jairo Marconi Nicolau, *Multipartidarismo e Democracia*, Fundação Getúlio Vargas Editora, Rio de Janeiro, 1996; e Carlos Ranulfo Melo, *Retirando as Cadeiras do Lugar*, Editora UFMG, Belo Horizonte, 2004.

partidos que poderiam ser vistos como de esquerda. Pelo PT, elegeram-se 18 deputados, 36% entre os ex-pobres.

Chama a atenção, entre esses (n=50), o número relativamente alto de deputados (quatro registros, 8% do grupo) que se elegeu pelo Partido da República (PR, ex-PL), considerado de direita. Como vimos no capítulo anterior, pelo extinto Partido Liberal elegiam-se muitos membros e pastores das igrejas evangélicas. Geralmente vinham das classes médias baixas. (Para a 54ª Legislatura, recordemos, onze pastores conseguiram eleger-se).

Contudo, no grupo dos cinquenta deputados de mais baixo patrimônio, nenhum dos pastores chegou à CD pelo PR. O único pastor eleito por essa legenda possuía patrimônio superior a 800 mil reais.[69] O pastor que consta na relação dos mais pobres foi eleito pelo PSC.[70] Todos os outros possuíam patrimônio acima de 193 mil,[71] que pode ser considerado modesto.

A existência de pastores e de candidatos ligados às igrejas evangélicas no grupo dos políticos dos estratos sociais intermediários, do ângulo ideológico, tem como efeito aumentar o número de candidatos eleitos por partidos de direita ou de centro. Do ângulo social, contribui para a popularização da classe política brasileira como um todo.

---

[69] Pastor Paulo Freire (PR/SP).
[70] Pastor Erivelton Santana (PSC/BA). Pelo valor de seu patrimônio declarado, esse deputado pode ser incluído no segmento de classe média-baixa.
[71] Dos outros nove pastores que não integram tanto a relação dos mais pobres como a dos mais ricos, seis podem ser classificados como de classe média-média; dois, como de classe média alta; e um como de classe alta. Foram obtidas declarações de bens para dez pastores. Um caso ficou sem informação.

TABELA VII - II - A
50 MAIS POBRES POR LEGENDA

Partidos	N° de deps.
PT	18
PSB	5
PCdoB	4
PR	4
PDT	3
PMDB	3
PSC	3
PSDB	3
PV	2
DEM	1
PP	-
PTB	1
PTdoB	1
PHS	1
PTC	1
n	50

Recorrendo à classificação ideológica convencional, o campo da esquerda estaria formado pelo PT e PCdoB. Seriam 22 deputados, 44% dos cinquenta mais pobres.

Poder-se-ia ainda abrir, nesse campo ideológico, uma subcategoria que chamaríamos de centro-esquerda. Nela estariam o PSB, PDT, o PV, com dez deputados (20 % dos 50 casos).

O centro compreenderia o PSDB e o PMDB, com seis parlamentares (12%).

Na direita, estariam o DEM, o PR, o PTB, o PHS, o PTC, o PSC e o PTdoB, com doze deputados no total (24% dos pobres). Entre os de mais baixo patrimônio, há ampla predominância das legendas ditas de esquerda. Note-se, contudo, que um quarto dos deputados desse bloco dos pobres elegeu-se por partidos de direita.

QUADRO VII-III-A
CLASSIFICAÇÃO IDEOLÓGICA DOS PARTIDOS DOS MAIS POBRES

Esquerda	64%
Centro	12%
Direita	24%
Total	1GG%

Obs.: n=5G

O GRUPO DOS MAIS RICOS

No grupo dos políticos de mais alto patrimônio, quatro legendas (DEM, PR, PMDB e PSDB) concentram praticamente três quartos (72%) dos parlamentares. O DEM foi o partido preferido com treze deputados. *Mutatis mutandis*, seu peso no campo da direita equivale ao do PT no campo da esquerda.

Após o DEM, no grupo dos milionários, seguem-se os dois partidos de centro: o PMDB e o PSDB. Nesse grupo, nenhum deputado elegeu-se pelas legendas do PT ou do PCdoB. A grande maioria dos deputados milionários está no campo da direita: DEM, PTB, PR, PSC e o PP, perfazendo 31 políticos (62% dos 50 casos).

Por partidos de centro, PSDB e PMDB, elegeram-se quinze deputados (30%). Finalmente, pelo campo da centro-esquerda (o PV, o PSB e o PDT) elegeram-se quatro deputados (8%).[72] Em

---

[72] Sem considerar ordem de importância, são esses os deputados:
   i) Sarney Filho. Filho do ex-presidente José Sarney, obteve o primeiro mandato em 1982 pelo PDS. Em 1991, foi reeleito pelo PFL. Em 2006, foi reeleito pelo PV. (Fonte: CD).
   ii) Queiroz Filho. Agropecuarista. Entrou na política pela Arena, elegendo-se prefeito de Conceição do Araguaia (PA) (1977-82). Elegeu-se, em 1996, deputado estadual pelo PDT, legenda na qual permaneceu (Fonte: CD).
   iii) Felix Júnior. Está na sua primeira legislatura. Foi candidato de uma coligação de legendas que abrangeu, além do PDT, o PRB, o PP, o PT, o PHS, o PSB e

princípio, do ângulo programático, o fato seria um pouco aberrante se fosse levado com muito rigor o fator ideológico na escolha da legenda partidária.

TABELA VII - II - B
50 MAIS RICOS POR LEGENDA

Partidos	número de deputados
DEM	13
PMDB	10
PR	8
PSDB	5
PP	4
PTB	4
PSC	2
PDT	2
PSB	1
PV	1
PSdoB	-
PT do B	-
Total	50

Do prisma ideológico, com as advertências já expressas, a distribuição seria:

---

o PCdoB. Felix Júnior vem de uma família de políticos baianos de classe alta. O pai do deputado, Felix de Almeida Mendonça, empresário, foi prefeito de Itabuna e deputado estadual pela ARENA. Elegeu-se depois, seguidamente, deputado federal pelo PTB até a legislatura de 2007-2011, quando chegou à CD pelo PFL. (Fonte: CD).

iv) Gabriel Chalita, (PSB-SP). Foi professor de universidades em instituições importantes como Pontifícia Universidade Católica de São Paulo e Universidade Presbiteriana Mackenzie. Esteve no PSB e no do PSDB antes de retornar ao PMDB. (Fonte: CD).

QUADRO VII – III – B
Classificação ideológica dos ricos

Direita	62%
Centro	30%
Esquerda	8%
Total	100%

A existência de alguns políticos de alto patrimônio que se elegeram por legendas de centro-esquerda indica a presença, na escolha da sigla, de outras variáveis além da dimensão do patrimônio e do capital econômico: perda de espaço dentro da legenda, derrotas nas disputas partidárias internas, escolha de outros partidos que pareçam oferecer mais possibilidades de êxito eleitoral, desejo de se afastar de legendas que se tornaram "malditas" etc. Mas, apesar dos "desvios" de alguns – poucos – ricos em partidos de esquerda, a tendência dominante é de os ricos preferirem partidos de direita e os pobres, partidos de esquerda. O fato confere aos partidos brasileiros alguma consistência no campo da representação de interesses e certa diferenciação na composição social de suas bancadas. Ou seja, alguma relação entre ideologia e classe social. Essa relação é fortalecida pelos modos e portas de entrada na política escolhidos por ricos e pobres que examinaremos no próximo capítulo.

Resumo

Este capítulo partiu de uma constatação e de uma indagação iniciais: as democracias de massa, decorrentes da extensão da participação eleitoral, elevam os custos da participação política. A focalizar apenas esse fator, a democratização deveria favorecer os mais ricos e prejudicar os que têm menos recursos. Mas não é o que acontece. Os milionários perderam espaço para políticos vindos das classes baixas e médias.

Para examinar com mais nitidez as relações entre riqueza e legenda, separamos dois grupos de parlamentares: os cinquenta mais pobres e os cinquenta mais ricos. Os resultados mostraram que as profissões e ocupações não se distribuíram ao acaso. Os empresários, especialmente os rurais e mistos, estão majoritariamente no grupo dos mais ricos; professores, metalúrgicos, técnicos, lavradores estão no grupo dos mais pobres. Os profissionais liberais, de sua parte, distribuíram-se de igual modo entre os dois grupos de riqueza.

Nada de surpreendente nesses resultados, mas servem como apoio para o exame da distribuição das legendas entre milionários e remediados. Desse ângulo, no grupo dos cinquenta mais pobres preponderam os deputados das legendas consideradas de esquerda. Os do PT perfazem 36% do grupo, seguido do PSB com 10% e do PCdoB com 8%.

No grupo dos milionários, 26% elegeram-se pelo DEM e 20% pelo PMDB. No conjunto, 62% dos deputados tinham sido eleitos por legendas classificadas como de direita. De modo geral, a distribuição das preferências partidárias nos dois grupos, com os desvios que ocorrem nesse tipo de correlação, sugere que os partidos brasileiros, de algum modo, são capazes de expressar certos interesses societários.

CAPÍTULO VIII

Trunfos e portas de entrada

Ainda que de modo sumário, o exame das biografias dos cinquenta mais pobres e dos cinquenta mais ricos permitiu visualizar mais adequadamente os instrumentos e recursos de todos os tipos usados pelos candidatos para competir com êxito no terreno minado das lutas eleitorais. Pode-se, por aí, ter uma percepção mais detalhada dos fatores que possibilitam aos mais pobres, alguns vindos muito de baixo, superar a falta de recursos financeiros pessoais na competição pelo poder com os mais ricos.

Por facilidade de expressão, chamaremos de trunfos tudo que favorece ou possibilita a entrada na profissão política, no caso, eleger-se para algum cargo no Executivo ou no Legislativo em quaisquer de seus níveis.[73] No sentido em que usamos o termo, trunfos podem ser recursos financeiros, redes familiares, cargos no governo, sobrenomes de parentes, padrinhos políticos, sindicatos, associações de bairros, igrejas, meios de comunicação de massas, máquinas partidárias e outros meios que ajudam candidatos a se transformar em político, basicamente vencer a primeira eleição. São instrumentos utilizados e não uma condição social, mesmo que possam estar ligados a ela.

---

[73] Recorremos à analogia com certos jogos de baralho, como o bridge. O trunfo é o naipe que prevalece sobre os demais e pode derrotar cartas de número mais elevado de outro naipe que não são trunfos.

Excluindo o capital econômico, os trunfos mais habituais são externos ao indivíduo: igrejas, sindicatos, associações, máquinas partidárias, movimentos sociais, relações de parentesco, padrinhos e cargos públicos. Futuros políticos podem ter o comando dessas instituições, influenciarem seu funcionamento e utilizá-las para seus objetivos eleitorais. Mas não têm a sua posse. Não são propriedade privada de quem os utiliza.

Alguns trunfos, porém, podem ser de natureza inerentemente pessoal no sentido de que só podem servir a quem os possui. É o caso do capital econômico, dos dotes artísticos ou esportivos e outros que são instrumentalizados para fins de entrada vitoriosa na política.

O termo trunfo, tal como aqui empregado, não deve ser confundido com qualquer das formas de capital econômico, social ou simbólico usado por Pierre Bourdieu. Diferentemente do sentido utilizado pelo sociólogo francês, não são estratégias de reprodução destinadas a melhorar a posição do grupo na estrutura de relação de classes. No nosso caso, são simplesmente instrumentos e meios que facilitam vitórias individuais em disputas eleitorais. Na maioria das vezes, servem a projetos pessoais de ascensão, o que não impede que outros (parentes, amigos, companheiros etc.) possam também se beneficiar coletivamente.

Seguramente, em lugar do termo "trunfo" outros termos poderiam ser usados (instrumentos, armas, vantagens ou recursos, *e.g.*). Todavia, não nos pareceram suficientemente expressivos e específicos para designar certos fatores que favorecem um candidato na entrada para a classe política: dotes artísticos, habilidades atléticas ou outros dons que servem para popularizar candidatos, futuros políticos. Podem ser, ainda, instituições que facilitam o acesso à vida pública.[74]

---

[74] Robert Dahl usa o termo recurso político para indicar situações em que "renda, riqueza, saber, ocupação, posição na organização, popularidade e diversos outros

A localização dos elementos que classificamos como trunfo político efetuou-se mediante o exame dos currículos dos deputados. O trunfo é uma construção conceitual referente principalmente ao inicio da carreira política. São instrumentos que facilitaram ou permitiram a entrada por via eleitoral na classe política, não importando por qual instância do sistema político: câmara de vereadores, assembleia legislativa, CD, prefeituras, especialmente.

Todos os trunfos que individualizamos foram elaborados empiricamente a partir do exame das carreiras de cem políticos da 54ª Legislatura divididos nos dois grupos já mencionados: os milionários e os ex-pobres. Não houve preocupação em tentar calcular a importância relativa de cada trunfo em cotejo com outros. Foram localizados principalmente nas biografias dos parlamentares no portal da CD. São, pois, dados "oficiais". Essa foi a principal fonte, mas não a única. Quando faltaram informações nas biografias da CD, recorremos a outras fontes obtidas via Internet.

Na maioria dos casos, a construção do trunfo ocorreu por dedução lógica. Alguns exemplos podem deixar mais clara a metodologia empregada.

i) No caso, por exemplo, de um sindicalista que ocupava a presidência de uma central sindical ou de um sindicato sem nunca ter atuado na política nacional, deduziu-se que a presidência da entidade sindical foi um dos trunfos usados para o êxito eleitoral. Se, por hipótese (pouco provável) constasse do currículo do político, além de diretor de sindicato, "pastor

---

valores" podem ser usados como recursos políticos. Para nossa problemática, consideramos a palavra trunfo mais adequada. O termo recurso político é utilizado por Dahl num sentido muito geral referente a circunstâncias históricas de mudanças que favoreceriam a passagem de sistemas hegemônicos fechados para poliarquias, um sinônimo para democracia, na verdade. Cf. *Poliarquia*, Edusp, São Paulo, p. 30, 1997 (1ª ed. americana: *Polyarchy: Participation and Opposition*, 1972).

evangélico", a denominação religiosa seria também um dos trunfos. Consequentemente, dois trunfos seriam anotados.

ii) No caso do deputado de uma família de políticos que, muito jovem e logo ao terminar os estudos universitários (ou antes, mesmo), foi eleito para a CD, considerou-se que o trunfo propiciador do êxito eleitoral foi o apoio familiar ("rede de parentesco"), fato que não elimina a existência de outros trunfos.

iii) No caso de um esportista, ou de um cantor famoso, recém-inscrito num partido, sem atividade política pregressa, mas que conseguira se eleger logo na primeira tentativa, considerou-se que o trunfo tinha sido o que classificamos de "popularidade pré-política". O mesmo pode ser dito para locutores, animadores de TV e de outras atividades profissionais que tornam uma pessoa famosa e facilitam sua entrada na classe política.

Convém repetir que os trunfos, tal como os definimos, referem-se especificamente a inícios de carreira e não a carreiras políticas já estabelecidas. Essas requerem outros trunfos para poder seguir em frente: construção de bases eleitorais, alianças políticas, organização partidária, recursos financeiros etc. Para um sindicalista, presidente de uma entidade sindical, que obteve uma cadeira na CD, a entidade sindical continuaria a ser eleitoralmente útil (quer dizer, permanecer como trunfo) somente na hipótese de que a chefia de sua antiga entidade apóie futuras campanhas políticas do companheiro que trocou de profissão. Todavia, a continuidade desse vínculo tende a encontrar obstáculo na ambição de algum membro mais jovem que, tendo substituído o anterior dirigente no comando do sindicato, queira utilizar a entidade para a sua entrada na política.

Desse modo, alguns trunfos, como a popularidade advinda da TV e do rádio, tendem a se enfraquecer, ou mesmo a desaparecer, na medida em que o recém-chegado ao campo político prolongue sua permanência na vida pública. Para continuar na nova profissão, necessita ampliar suas bases eleitorais de apoio. As atividades, compromissos e obrigações da carreira pública impedem (ou dificultam) que, depois de eleito, um ex-cantor continue a se apresentar em shows; que um pastor evangélico continue a estar presente em cultos; que um animador de auditórios continue a participar de programas de TV ou que um ex-sindicalista continue a participar da vida sindical.

Alguns trunfos, porém, podem continuar a ser muito úteis a carreiras políticas já iniciadas. É, notadamente, o caso do capital econômico que pode servir a início de carreiras e em posteriores disputas eleitorais. De modo geral, os políticos tentam manter, depois de eleitos, os trunfos que serviram para entrar na política e, se possível, acrescentar outros.

Os trunfos dos mais pobres

A presidência de sindicatos poderosos, de centrais sindicais, principalmente, é um trunfo sem igual para os que vêm mais de baixo. Depois da redemocratização, Lula foi o grande exemplo de sindicalista que, com muito sucesso, passou da representação profissional para a representação política. Mas, talvez porque fosse presidente de um sindicato poderoso e tivesse se transformado numa liderança conhecida nacionalmente, não precisou da presidência de uma central sindical para dar início a uma carreira que começou com a presidência do Sindicato dos Metalúrgicos de S. Bernardo.[75] (Ao contrário do que muitas vezes se pensa, Lula nunca foi presidente da CUT).

---

[75] Entidades patronais e outras associações de natureza diversa, como clubes esportivos (de futebol, principalmente), de xadrez, de carteado etc., ajudam também a popularizar seus dirigentes e a facilitar carreiras políticas. Em comparação, porém, com sindicatos de trabalhadores têm a desvantagem de terem comparativamente poucos filiados, isto é, potenciais eleitores. Do mesmo modo, estão muito longe de possuir os mesmos recursos financeiros de que dispõem os grandes sindicatos, uma das mais poderosas máquinas eleitorais e política das sociedades democráticas.

A importância das chamadas "entidades de classes" e de outras associações de massa não deriva apenas do apoio aberto ou velado que oferecem aos candidatos de sua categoria profissional, geralmente seus presidentes: ajuda financeira disfarçada ou indireta, fornecimento de ativistas, de material de propaganda, divulgação do nome do sindicalista etc.

Além de apoio material, a militância nas organizações de massas prepara seus dirigentes para a subsequente função de representação política. São dois tipos de atividades (a profissional e a política) muito próximas, ainda que com objetivos formalmente diferentes. Entre outras aptidões, os sindicatos e outras associações de massas ampliam a capacidade oratória, a habilidade na direção de assembleias e reuniões, a familiarização com as questões da política, aguça os sentidos para os necessários conchavos etc. Ensina, enfim, a "fazer política". Por último, mas não menos importante, o ativismo associativo abre o horizonte mental e cultural dos que vêm mais de baixo. O nível de informação aumenta por meio da leitura de jornais, das discussões políticas, das viagens no país e ao Exterior, do contato com pessoas de fora de seu círculo profissional e de seu meio social, da obtenção de informações sobre a política nacional, das relações com políticos, altos funcionários governamentais, intelectuais engajados etc.

Sindicatos são escolas de preparação para a entrada na vida política. Sem passar pela atuação sindical (passagem reforçada amiúde pela militância em partidos de esquerda), dificilmente os que vêm das classes trabalhadoras e populares conseguiriam êxito na vida pública.[76]

---

[76] Já faz algum tempo, observou Lipset numa análise do sindicalismo norte-americano: "Um dos poucos postos que se acham à disposição do trabalhador manual para adquirir habilidades [políticas] é o de dirigente sindical". Seymour Martin Lipset, "El Proceso Político en los Sindicatos Obreros", *El Hombre Político*, Eudeba, Buenos Aires, 1963. (Ed. americana: *Political Man*, Doubleday & Company, Nova York, 1960).

Embora com êxito incomparavelmente maior do que o de outros de sindicalistas que trocaram a representação profissional pela muito mais vantajosa representação política, a trajetória de Lula é apenas um caso entre dezenas de outros ex-sindicalistas que ascenderam na política e subiram de status. A grande maioria (mas não todos) veio da CUT e foi eleita pelo PT, como vimos há pouco.

Para dar um pouco mais de colorido à exposição, citemos quatro ex-presidentes das duas centrais sindicais mais importantes (a CUT e a FS) que se elegeram diretamente para a CD sem carreira político-eleitoral prévia:

- Jair Meneguelli, primeiro presidente da recém-criada Central Única dos Trabalhadores, eleito deputado federal em 1994 e 1998 pela legenda do PT. No momento em que escrevemos (2013), é presidente do Conselho Nacional do SESI;
- Vicente Paula da Silva (Vicentinho), ex-presidente da CUT, eleito para a CD em 2002 e 2006, também pelo PT;
- Luís Antônio de Medeiros, presidente do Sindicato dos Metalúrgicos de S. Paulo, depois presidente da Força Sindical e, em seguida, deputado federal em 2002 e reeleito em 2006, concorrendo pelo PFL, atual DEM;[77]
- Paulo Pereira da Silva, também ex-presidente do Sindicato dos Metalúrgicos de S. Paulo e depois da Força Sindical. "Paulinho da Força" (codinome eleitoral) substituiu Antônio de Medeiros na presidência de ambas as entidades. Elegeu-se também diretamente para a CD em 2006 e se reelegeu em 2010.[78]

---

[77] Derrotado na tentativa de reeleição, Luis de Medeiros – embora vindo de um partido considerado de direita e de uma central rival da CUT – foi nomeado solidariamente por Lula, então Presidente da República, para o importante cargo de Secretário de Relações do Trabalho do Ministério do Trabalho.

[78] Paulo Pereira da Silva havia tentado, em 2002, chegar à vice-presidência da República em chapa encabeçada por Ciro Gomes; candidatou-se depois, em 2004 e

A trajetória-padrão de passagem do sindicalismo para a classe política caracteriza-se, primeiro, pela conquista da presidência de um sindicato importante, no passado mais frequentemente de metalúrgicos.[79] Segue-se a conquista da presidência de uma central ou outro órgão importante da estrutura sindical que amplie as chances de entrada direta na CD.

Para os mais talentosos e politicamente ambiciosos, a conquista da presidência de um grande sindicato pode dar início, assim, a uma carreira que pode levar à disputa vitoriosa de prefeituras de cidades importantes e mesmo de governos estaduais, para não falar na Presidência da República. Os ex-sindicalistas Jacques Wagner, no momento em que escrevemos, governador da Bahia, e Olívio Dutra, ex-governador do Rio Grande do Sul, estão entre os exemplos mais expressivos.[80]

O papel dessas associações populares e de sindicatos de assalariados não pode ser separado dos partidos de esquerda, geralmente do PT e do PCdoB. Mas deve-se focalizar também a ação dos pequenos grupos de esquerda, geralmente de jovens estreantes na política que atuam inseridos na legenda petista. Os movimentos associativos e sociais não são independentes de ou-

---

2012 para a Prefeitura de S. Paulo, sendo derrotado em todas essas eleições majoritárias.

[79] Entre outros fatores, a expansão do sindicalismo do setor público, as transformações tecnológicas, o declínio numérico da mão de obra nas empresas metalúrgicas, como já aconteceram em vários outros países, diminuíram o cacife dos metalúrgicos na luta pela presidência da CUT. No período de 2006-2012, o presidente da entidade foi Artur Henrique, formado em Sociologia e Eletrotécnico da Cia. Força e Luz.
Para o mandato de 2012-2015, foi eleito o bancário Vagner Freitas, de Osasco (SP). Analisamos o declínio dos sindicatos de trabalhadores manuais do setor privado no Primeiro Mundo no livro *Destino do Sindicalismo*, Edusp, São Paulo, 2002 (1ª ed.: 2002).

[80] Olívio Dutra, gaúcho, formado em Letras, foi presidente do Sindicato dos Bancários de Porto Alegre. Posteriormente, elegeu-se deputado federal e depois prefeito de Porto Alegre e governador do Rio Grande do Sul. Foi um dos fundadores da CUT. A trajetória de Jacques Wagner, que chegou a governador da Bahia derrotando o candidato apoiado por Antônio Carlos Magalhães, do PFL, já foi relatada na Introdução.

tras organizações mais poderosas. Não surgem sem relações com instituições e atores político-institucionais mais influentes.

Ana Maria Doimo, que pesquisou exaustivamente esses grupos, nota que eles "tinham conexões ativas com a Igreja Católica, agrupamentos de esquerda e organizações não governamentais, em geral abrigando intelectuais e profissionais empenhados na 'causa popular'". Esses "movimentos sociais", contudo, não eram "espontâneos e movidos pelo próprio povo". Uma indicação está no fato de terem produzido tanto escritos "documentando suas lutas".[81]

A militância em pequenos grupos de esquerda de ideologia marxista, católica progressista – ou ambas as coisas juntas – prepara, por sua vez, a conquista da direção de associações e entidades de massas, de movimentos populares, organizações importantes para a ascensão eleitoral que funcionam também como grupos de pressão. A legenda partidária mais utilizada por pequenos grupos de esquerda, conectada com movimentos e associações populares foi, e em alguma medida ainda é, a do PT.[82]

Para jovens de classe média, a presidência da União Nacional dos Estudantes (ou de uma entidade estudantil estadual importante) é um trunfo que pode suprir a ausência de uma carreira eleitoral iniciada de baixo. Em outros termos: possibilita a passagem direta

---

[81] Ana Maria Doimo descobriu 1.976 documentos sobre esses movimentos populares (entre 1975-1990): Movimento do Custo de Vida (155 docs.), Movimento de Moradia (984 docs.), Movimento de Luta contra o Desemprego (320 docs.), Movimento de Saúde (317 docs.) e Movimento de Transporte Coletivo (200 docs.). Mas seriam apenas uma pequena parte da documentação arquivada no Centro de Documentação Vergueiro de S. Paulo, ligado à Igreja Católica. Cf. Ana Maria Doimo, *A Vez e a Voz do Popular*, Relume-Dumará: Anpocs, Rio de Janeiro, 1995, p. 95.

[82] O Partido dos Trabalhadores foi desde seu nascimento uma federação de numerosas tendências e facções que competiam por posições no aparelho petista. Sobre as tendências de esquerda no PT, veja-se especialmente Pedro Floriano Ribeiro, *Dos Sindicatos ao Governo. A Organização Nacional do PT de 1980 a 2005*, Edufscar, São Carlos, 2010; e Lincoln Secco, *História do PT*, Atelier Editorial, Cotia (SP), 2011. Sobre a atuação da Igreja na formação do PT, ver: Luís Mir, *Partido de Deus*, op. cit.

para a CD ou para outro cargo mais importante. Para os jovens de classe média, a presidência da UNE equivale, *mutatis mutandis*, a um cargo na direção de centrais e sindicatos de trabalhadores. Também aqui se encontra a simbiose organização de massas-partido (ou facção político-ideológica).

A disputa vitoriosa por um cargo de direção numa entidade estudantil é impensável sem a vinculação a um grupo de esquerda. O ativismo estudantil associa-se quase sempre à militância numa pequena organização de ideologia socialista ou católica progressista. Posteriormente, lideranças estudantis que têm êxito na grande política migram para uma legenda mais poderosa, geralmente o PT, em menor medida, o PCdoB.

No tocante à UNE e entidades estudantis importantes, vale portanto o que já dissemos para a conquista da direção da CUT e de grandes sindicatos: o que de *facto* está em jogo é o credenciamento para voos eleitorais mais altos, ou seja, o aumento das chances de passar da classe estudantil para a classe política.[83]

O número de políticos vitoriosos com passagem pela direção de uma entidade estudantil é grande. Geralmente é o primeiro passo para a entrada na classe política. A presidência da UNE é a joia da coroa para os jovens de esquerda das classes médias e altas.

---

[83] Por exemplo: pela presidência da União Nacional dos Estudantes (UNE) começaram uma promissora carreira política: José Serra (PSDB/SP), Aldo Rebelo (PCdoB/SP) e Lindberg Farias (PT/RJ), todos então ligados a pequenas organizações de esquerda.

Na legislatura objeto dessa pesquisa, Manoela D'Ávila é um caso de ascensão fulgurante por via do movimento estudantil. Nos seus inícios, foi vice-presidente da UNE. Formada em jornalismo pela PUC gaúcha, obteve seu primeiro mandato como vereadora de Porto Alegre em 2007, com 23 anos. Voltou a se eleger em 2010. Nesse ano, havia entrado para o PCdoB. Em l999, quando começou a militar no movimento estudantil, filiou-se à União da Juventude Socialista, organização de massas do PCdoB (Fonte: CD). Não seria preciso dizer que há muitos outros políticos de classe média vindos do movimento estudantil cuja nomeação exigiria muito espaço.

O movimento estudantil, porém, não é um trunfo frequente para os que vêm das camadas populares. Para os mais pobres, além dos sindicatos, há os movimentos sociais, as igrejas e organizações a elas vinculadas, associações populares e assistenciais. Para os pobres, é por meio dessas organizações de massas que são adquiridas visibilidade pré-eleitoral e habilidades necessárias para o êxito na política.

SINDICATOS, O GRANDE TRUNFO DOS EX-POBRES

No grupo dos cinquenta mais pobres, a estrutura sindical corporativa (considerada fascista quando implantada em 1943 por Getúlio Vargas) foi o trunfo mais importante. Mas não é o único. Vamos examiná-los por ordem de frequência.

i – Sindicatos e associações de trabalhadores. São quinze políticos, ou seja, 32,6 % dos 46 deputados cujos trunfos foram localizados no total dos cinquenta mais pobres. A presidência da CUT é a joia da coroa sindical. Corresponde à presidência da UNE para a classe média.[84]

ii – Popularidade pré-política – São nove registros (19,6%). Denominamos com esse termo os trunfos resultantes de uma popularidade advinda, quase "naturalmente", da própria atividade profissional ou de dotes individuais não transferíveis: esportistas, cantores de música popular e religiosa, locutores de rádio, animadores de programas de TV etc. São atividades que permitem entrar na política com poucos gastos

---

[84] Segundo dados da entidade, a CUT possuiria, no momento em que escrevemos, 3.438 entidades filiadas, com cerca de 7,5 milhões de sócios representando 22 milhões de empregados. Seria a maior central da América Latina e a quinta no mundo. (Fonte: CUT).

financeiros porque eliminam os pesados custos de tornar conhecido o candidato.[85]

iii – Vínculo religioso (igrejas, CEBs, pastorais etc.). São também nove registros. Para os candidatos mais religiosos (católicos ou evangélicos), o papel dos sindicatos tende a ser cumprido pelas igrejas evangélicas como tal. A comunidade de fiéis fornece um eleitorado cativo apto a eleger muitos candidatos e de trabalhar eleitoralmente pelos candidatos de sua igreja.

No caso dos católicos, mais do que da Igreja Católica diretamente, estão as variadas entidades sociais do "catolicismo progressista". Aqui, a militância política em alguma associação de massa de influência católica (Comunidades Eclesiais de Base, pastorais, sindicatos, sociedades de bairro, MST) parece mais necessária do que entre os evangélicos porque os católicos tendem a ser mais independentes politicamente do que os fiéis das igrejas evangélicas.

Nas denominações evangélicas – especialmente as pentecostais – pastores que se candidatam a políticos podem contar com os votos dos fiéis que comparecem com mais regularidade às assembleias e cultos e são mais obedientes às indicações dos pastores. Não têm tanta necessidade do apoio de sindicatos e outras associações de massas e sociais como acontece do lado católico.

iv – Relação de parentesco e padrinhos. Foram encontrados oito casos (17,4%) no grupo de baixo patrimônio. É um trunfo derivado de vínculos com clãs políticos instalados há

---

[85] Um exemplo é o do deputado José Luiz de França Penna (PV-SP), ator, cantor, compositor e músico. A 54ª Legislatura é a sua primeira experiência na CD. Outro exemplo, noutro tipo de atividade, é o do deputado Alessandro Molon (PT-RJ), advogado com mestrado pela PUC. Foi radialista da Rádio Catedral, voltada para o público católico. (Fonte: CD).

certo tempo no controle dos poderes locais que, especialmente no Nordeste – mas não exclusivamente nessa região – conseguem eleger jovens parentes que "levem jeito para a política". Trata-se de um trunfo relacionado à existência de protetores, ou padrinhos, "grandes lideranças" com mais tempo na vida pública, capazes de ajudar a eleição de parentes, aí incluindo esposas.[86] Esse trunfo liga-se a outro que decorre de um nome idêntico ao de um político famoso. Mas, na pesquisa, não foi possível localizar todos os casos, ainda que vários deles fossem perceptíveis à primeira vista.

v – Cargo público. É um trunfo decorrente da ocupação de um posto eleitoralmente estratégico no Executivo ou no Legislativo. São nomeações de cunho partidário que preparam futuros políticos: popularizam sua figura ante a massa de eleitores, facilitam laços políticos valiosos e contatos com bases eleitorais, possibilitam favores para chefes políticos locais e eleitores potenciais. Os cargos e funções mais comuns são as chefias de gabinete, secretarias de Esporte, direção de entidades de saúde pública e outras posições cuja importância eleitoral os políticos conhecem bem. Não são trunfos muito comuns entre os deputados vindos mais de baixo. Apareceram na carreira de somente 15,2 % dos políticos desse grupo (sete casos).

vi – Associações e movimentos sociais e populares. Esses trunfos estão no início da carreira de 10,9 % dos deputados de baixo patrimônio (cinco casos). São entidades associativas e outras entidades de massa – Sociedades de Amigos de Bairro, pas-

---

[86] É o caso da deputada Flávia Morais (PDT-GO) que estreou na política eleitoral ao lado do marido, ex-prefeito de Santa Bárbara (GO). O mesmo ocorreu com a deputada Janete Pietá (PT-SP), que foi Secretária Adjunta da Saúde, no segundo governo de seu marido, Elói Pietá, em Guarulhos. Desnecessário dizer que esse trunfo eleva os casos de nepotismo na administração pública brasileira.

torais católicas, Movimentos dos Trabalhadores Rurais Sem Terra e outras. Essas associações e movimentos legitimam, popularizam e captam votos para as lideranças de origem plebeia, originárias do mesmo meio social com os quais a massa de membros tende a se assemelhar e identificar. Para os deputados vindos das camadas populares, essas entidades desempenham papel equivalente ao dos sindicatos de trabalhadores como elemento impulsionador de carreiras políticas.[87]

vii – Movimento estudantil – Como dissemos, não é um trunfo frequente entre os deputados mais pobres. Apenas quatro (8,7%) dos 46 deputados de baixo patrimônio vieram do movimento estudantil. O pequeno número de casos seria de se esperar, considerando que é um trunfo que pode ser utilizado somente por estudantes universitários, quase sempre de boas instituições de ensino públicas ou particulares, portanto, fora do alcance dos mais pobres. Além disso, o movimento estudantil não tem muito recurso financeiro e seus militantes não são tão disciplinados como os seguidores das denominações evangélicas ou mesmo de sindicatos de trabalhadores. O movimento estudantil, porém, pode oferecer mão de obra eleitoral gratuita, popularizar nomes de seus líderes e abrir caminho para a entrada dos mais capazes na política.

---

[87] Para ilustrar, citamos dois casos: a deputada Luci Teresinha Koswoski Choinack (PT-SC) e a deputada Maria do Socorro Jô Moraes (PCdoB/MG). A deputada Luci, agricultora, com formação ginasial, tem sido eleita sucessivamente para a CD desde a primeira eleição de 1990. Antes, fora deputada na Assembleia Legislativa de SC (1987-1991). Começou a militância política atuando numa CEB. Foi uma das fundadoras do Movimento das Mulheres Agricultoras e do MST. (Fontes: CD e Internet).
A deputada Jô Moraes, funcionária pública e secretária executiva, foi presidente do Movimento Popular das Mulheres e da União Brasileira de Mulheres. Elegeu-se vereadora em Belo Horizonte, depois deputada estadual e, em 2006, deputada federal. (Fontes: CD e Internet).

viii – Estrutura partidária – É um trunfo fraco. Militância partidária e posição elevada na cúpula de diretórios partidários só foram relevantes em dois casos (4,3%). A baixa frequência desse trunfo seria de se esperar, considerando a fraqueza organizatória dos partidos brasileiros.

ix – Clubes esportivos e de futebol – Apenas um caso, 2,2% do grupo dos mais pobres.

Na tabela seguinte, a soma da distribuição porcentual das frequências ultrapassa 100% porque houve casos de políticos com mais de um trunfo. Um trunfo de tipo religioso, por exemplo, pode acoplar-se a outro de natureza mais pessoal, como um dote artístico (como cantor de música gospel, por exemplo) que torna "popular" o político. A eles pode ainda juntar-se um trunfo que vem do apoio familiar ou de um padrinho político.[88]

TABELA VIII - I
Trunfos dos pobres

Trunfos	n	%
Sindicatos e associações profissionais	15	32,6
Popularidade pré-política (principalmente mídia)★	9	19,6
Vínculos religiosos (CEB, igrejas evangélicas)	9	19,6
Relação de parentesco/padrinhos	8	17,4
Cargo público e/ou de confiança	7	15,2
Assoc. de moradores e movimentos populares	5	10,9
Movimento estudantil	4	8,7
Estrutura partidária	2	4,3
Clubes esportivos de futebol★★	1	2,2

---

[88] A deputada Lauriete Rodrigues de Almeida (PSC-ES) é um exemplo. Cantora de música gospel, com dezenas de músicas gravadas, empresária no ramo do comércio de brinquedos, foi casada com o pastor Erivelton Santana (PSC-BA), presidente da Assembleia de Deus de Orlândia (ES).

Trunfos	n	%
Outros★★★	2	4,3
Total dos deputados com trunfos	46	134,8
Sem informação	4	

Obs.: Respostas múltiplas. Soma das porcentagens superior a 100%. Para quatro deputados não se conseguiu localizar a natureza do trunfo.

(★) – Radialistas, locutores, jornalistas, cantores, apresentadores e atores de TV.

(★★) – Representa o caso o deputado Zoinho (PR-RJ), fundador de movimentos populares e do Siderlândia Futebol Clube, onde é presidente honorário.

(★★★) – No item "Outros" estão incluídas duas situações que não podem necessariamente ser consideradas trunfos, mas acabaram tendo o efeito de tornar popular os seus envolvidos e facilitar sua eleição.[89]

II – Os trunfos dos milionários

Para políticos do grupo com elevado patrimônio, o capital econômico é o grande trunfo. Mas não dispensa outros. Pelo contrário, lhes dá acesso (direção de associações, sindicatos e federações patronais, por exemplo), nomeação para cargos eleitoralmente estratégicos na administração pública etc. No grupo dos milionários, a localização das vias de entrada e dos trunfos utilizados nem sempre emerge de modo visível, possibilitando a quantificação. "Alto patrimônio" não significa apenas "mais dinheiro". Significa também relações sociais e de parentesco com pessoas importantes da sociedade, da administração pública e do estado, além de outros tipos de vínculos que facilitam a entrada na classe política.

---

[89] São os casos do deputado Valtenir, PSB-MT, que teve o pai assassinado (em 1983). O mandante foi um fazendeiro que se elegeu prefeito de Juscimeira-MT. Valtenir e seus irmãos estudaram direito, tendo Valtenir se tornado procurador e conseguido a condenação do fazendeiro.

O segundo caso é o de Keiko Ota, comerciante, que teve o seu filho Ives assassinado. Keiko Ota apareceu, em sua campanha eleitoral, ao lado do marido Masataka, clamando por justiça.

Os trunfos dos ricos tendem a estar entrelaçados e a decorrer da situação econômica e social elevada. É difícil descobrir quais trunfos são mais importantes. O capital econômico está presente em menor ou maior medida em todos os trunfos dos ricos. Recursos financeiros possibilitam acordos eleitorais com prefeitos e vereadores e políticos locais, ou seja, com políticos que não lhes são concorrentes para a CD. Abrem, ou facilitam acesso, à administração pública e a outros órgãos do estado.

Políticos mais ricos também têm vinculações com associações profissionais e entidades de classe. Não é fácil avaliar a importância dessas entidades no empreendimento político. Seus associados tendem a ser menos numerosos do que os dos sindicatos de trabalhadores, associações de estudantes e outras organizações de massas. Mas pode-se aceitar sem muito medo de errar que a presidência dessas associações patronais, de alguma forma, ajuda a propagar e legitimar politicamente seus presidentes e diretores que tentam a sorte na política. Essas organizações estão presentes em grande número de deputados do grupo dos muito ricos.

Os milionários, de famílias com longa tradição na vida política de seus estados, contam igualmente com outro trunfo que é mais escasso no grupo dos deputados de baixo patrimônio. É o que decorre da existência de padrinhos e de vínculos de parentesco com famílias de origem oligárquica que, por gerações, controlam a política estadual. Políticos mais jovens, iniciantes na carreira, beneficiam-se de redes eleitorais criadas por padrinhos veteranos (não necessariamente parentes) com mais espaço na política local.

Das relações de parentesco decorre outro trunfo. O aproveitamento eleitoral de nomes e sobrenomes famosos é algo mais do que comum na vida dos políticos (e também de outros profissionais). Nomes e sobrenomes expressam relações sociais; de algum modo, classificam seus portadores e, especialmente, sugerem suas origens familiares. Mesmo quem tem pouco interesse pelos personagens da vida pública brasileira seria capaz de apontar sem esforço muitos políticos que carregam e exploram (com maior ou menor êxito) sobrenomes famosos.

Embora um "bom sobrenome" possa existir para descendentes de políticos de todas as classes sociais, esse trunfo tende a beneficiar majoritariamente os membros do patriciato. No caso dos cinquenta com mais alto patrimônio, são beneficiados principalmente políticos de famílias tradicionais que se iniciam cedo na vida política, logo após o término de estudos universitários. Pela idade em que ocuparam o primeiro cargo eletivo, pode-se dizer que a política é a sua profissão. Para tal, foram socializados desde jovem. Deles se costuma dizer, sem muito exagero, que a "política está no sangue". As relações de parentescos são certamente um dos principais trunfos para entrar na vida pública e assegurar a continuidade do clã nas estruturas de poder.

A avaliação da importância das relações de parentesco na iniciação política, como em outros trunfos, usou como critério o número de deputados em que esse trunfo esteve presente. Contudo, relações familiares, mais do que outros trunfos, quase sempre estão fortemente entrelaçadas a outros, fato que, por si só, torna a análise mais complicada. Ocorre que, no caso dos milionários, como é fácil perceber, quase todos os trunfos relacionam-se estreitamente ao elevado capital econômico.

Já dissemos que a existência de um dado trunfo não exclui outros. Cargos e posições importantes em associações patronais não eliminam (às vezes pressupõem) o apoio de redes de parentesco e de famílias importantes. Com essas advertências, nas linhas abaixo apontamos separadamente os trunfos do grupo dos milionários. É uma tentativa de quantificação para hierarquizar a importância dos trunfos, mas deve conter erros, tanto de natureza empírica como de interpretação. A localização dos trunfos não é perceptível de imediato. Seus possuidores nem sempre gostam de exibi-los.

i) Relações de parentesco, para os mais ricos, é, de longe, o principal trunfo para a entrada na vida pública. Favoreceu vinte deputados milionários (41,7% do grupo, n=48). Trata-se de uma proporção muito acima dos demais trunfos. E muito mais elevada do que o encontrado entre os ex-pobres (17,4% para lembrar).[90]

ii) Sindicatos e associações patronais formam o segundo trunfo em números absolutos. Pelos dados do levantamento, foi um trunfo especialmente importante para políticos que são empresários rurais: 14 num total de 48 (29,2%).[91]

iii) Segue-se, muito próximo, o trunfo cargo público (16,7%, oito casos). Foram aí incluídos os políticos que tiveram funções importantes na administração pública anteriores à primeira entrada na vida pública.[92] É um trunfo, como já notamos, fortemente vinculado a "relações de parentesco", fato que atua no sentido, ocioso ressaltar, de tornar conhecido o candidato e facilitar alianças em futuras disputas.

---

[90] Os exemplos são numerosos. Não seria possível reproduzir todos os casos que entraram nesse item. Contudo, para ilustrar, citamos alguns da 54ª Legislatura: João Maia (PR/RN); Henrique Eduardo Alves (PMDB/PN); Fábio Souto (DEM/BA); Elcione Barbalho (PMDB/PA); Sarney Filho (PV/MA); Dona Íris (PMDB/GO), mulher do governador Iris Rezende. (Fonte: CD para todos).

[91] No momento em que escrevemos, estão nesse grupo, entre outros, os deputados João Lira (PTB/AL), presidente do Sindicato da Indústria do Açúcar; Alfredo Kaeffer (PSDBN/PR), presidente da Associação de Abatedores e Produtos Agrícolas; Jorge Corte Real (PTB/PE), presidente da Federação das Indústrias de Pernambuco; Nelson Marquezelli (PTB/SP), presidente do Sindicato Rural de Pirassununga; Ronaldo Caiado (DEM/GO), presidente da União Democrática Ruralista; Abelardo Lupion (DEM/PR), presidente da União Democrática Ruralista no Paraná. (Fonte CD).

[92] Inclui-se nesse item o deputado Gabriel Chalita (PSB/SP). Nascido em Cachoeira Paulista, interior do Estado de SP, foi eleito vereador dessa cidade já aos 19 anos. Mas se tornou mais conhecido em âmbito estadual por ter sido nomeado, antes de eleito deputado federal, Secretário de Esportes e depois Secretário de Educação do Estado de S. Paulo pelo então governador Geraldo Alckmin. São dois cargos eleitoralmente estratégicos que servem para tornar conhecidos os ocupantes.

iv) No trunfo capital econômico foram contados os deputados cujo exame da biografia não indicou, além do capital econômico, nenhum outro trunfo capaz de facilitar a entrada na arena política. Sete parlamentares (14,6% do total) estão nesse item. É um resultado alcançado por exclusão que admite margem de erro mais elevada do que em outros casos. Consideramos que, entre os milionários, na ausência de outros trunfos perceptíveis (como postos de direção em sindicatos e associações de classe), o capital econômico seria um trunfo sempre presente. Contudo, não foram contabilizados nos casos dos milionários que possuíam outros trunfos visíveis (relações familiares, direção de entidades associativas, por exemplo). Desse modo, o leitor deve considerar que em praticamente todos os deputados do grupo dos mais ricos o trunfo capital econômico está presente. Mas, em comparação a outros trunfos, é muito difícil calcular sua importância nas variadas carreiras políticas. Capital econômico, por si só, se não estiver relacionado a outros trunfos, não abre a porta para a carreira política.

v) A mídia, quer dizer, posse de TV, rádios, jornais e utilização de programas por um desses meios, apareceu como trunfo político em somente quatro casos, ou seja, 8,3%.

vi) Como seria de se esperar, nesse grupo de milionários, movimentos populares e instituições estudantis só tiveram alguma influência no caso de dois políticos. Mas não devem ter sido trunfos relevantes no deslanchar da carreira política como foram para os deputados de baixo patrimônio.[93]

---

[93] Registrou-se o único trunfo decorrente de participação em movimento estudantil para o deputado Newton Cardoso (PMDB/MG). Quando aluno da UFMG, o parlamentar ocupou o cargo de diretor social do Diretório Central dos Estudantes (DCE). (Fonte: CD).
No caso de movimentos sociais, trata-se do Edmar Arruda (PSC-PR). O deputado foi presidente do Programa de Apoio às Igrejas e Entidades sem Fins Lucrativos

TABELA VIII - II
Trunfos dos milionários

Trunfos	n	%
Relações de parentesco/padrinho	20	41,7
Sindicatos e associações patronais	14	29,2
Cargo público	8	16,7
Capital econômico	7	14,6
Mídia*	4	8,3
Associação de moradores e mov. populares	1	2,1
Movimento estudantil	1	2,1
Total dos deputados com trunfos localizados	48	114,6

(*) – Inclui posse de TV, rádios, jornais e programas nesses meios.

A importância do trunfo "redes familiares/padrinho" é significativamente maior no Nordeste. Dos vinte deputados milionários que se iniciaram na vida pública alavancados por esse trunfo, treze são de estados nordestinos, em contraposição a três do Sudeste, dois do Centro-Oeste, um do Norte e um do Sul. Mas deve-se ter em conta que o número absoluto de parlamentares em cada região influencia a distribuição desse trunfo em números absolutos. Regiões com mais deputados na CD, se todos os demais fatores forem iguais, tendem a ter mais casos de iniciação na vida política.

TABELA VIII - II
Trunfos dos milionários

Trunfos	n	%
Relações de parentesco/padrinho	20	41,7
Sindicatos e associações patronais	14	29,2
Cargo público	8	16,7

(Maringá, 2003-2012). Foi também presidente da Fundação Isis Bruder (Maringá, 2008-2011). No momento, é vice-presidente de Serviços Sociais, do Sindicato da Habitação (Paraná, 2009-2013). (Fonte: CD).

Trunfos	n	%
Capital econômico	7	14,6
Mídia★	4	8,3
Associação de moradores e mov. populares	1	2,1
Movimento estudantil	1	2,1
Total dos deputados com trunfos localizados	48	114,6

(★) – Inclui posse de TV, rádios, jornais e programas nesses meios.

III – As portas de entrada

Os variados trunfos conectam-se com as diferentes portas de entrada para a vida pública. No sistema político brasileiro, excluindo as nomeações para cargos que prescindem do apoio de eleitores (nomeações políticas, geralmente para cargos de confiança), as portas principais de entrada na vida pública, ou seja, para a obtenção de um cargo eletivo no sistema político institucional são as câmaras municipais, as prefeituras, as assembleias legislativas estaduais e a Câmara dos Deputados.

O Senado da República e governos estaduais, na prática, podem ser deixados de lado porque esses órgãos são, na maior parte das vezes, coroação de carreiras vitoriosas. A Câmara Alta é predominantemente ocupada por políticos veteranos que passaram anteriormente por outros postos importantes: Câmara de Deputados, governos de estados e mesmo Presidência da República. O Senado da República não é, a não ser muito excepcionalmente, trampolim para início de vida pública.[94] Executivos estaduais, por sua vez,

---

[94] Entre todos os deputados da 54ª Legislatura que estamos focalizando, há apenas um caso de político que começou pelo Senado. Trata-se de João Lyra (PTB/AL), o de maior patrimônio declarado (144 milhões de reais). Foi presidente do Sindicato da Indústria do Açúcar e do Álcool de Alagoas. Em 1982, foi eleito como suplente da chapa do titular, Guilherme Palmeira, para o Senado. Assumiu uma cadeira nessa casa em 1988. (Fonte: CD)

por serem um número pequeno e extremamente importante de cargos, são disputas muito acirradas em que só podem competir para valer políticos com carreira avançada. Normalmente não são degraus para começo de carreira a não ser na situação de suplentes desconhecidos que compõem a chapa de um candidato titular no ápice da carreira.[95]

As várias portas de entrada na profissão política – como se verá na comparação entre os mais ricos e os mais pobres – não se distribuem aleatoriamente entre pessoas de meios sociais diferentes e de renda muito discrepante entre si. Os membros de cada classe, ou facção de classe, tendem a ter as suas vias preferenciais de ingresso na vida pública que se relacionam ao meio de origem, ou seja, com os trunfos de que dispõem. Os caminhos que levam às instâncias mais importantes geralmente estão com os mais ricos. Os mais pobres, com trunfos fracos, para começar, disputam posições menos importantes (como vereança de cidades pequenas e médias).

Contudo, os que, embora vindos mais de baixo, dispõem de trunfos poderosos (e de muita capacidade política) não estão totalmente excluídos da luta por postos estrategicamente importantes, como seria a entrada na vida política diretamente pela CD.

Quando comparada às assembleias legislativas e à CD, prefeituras e câmaras municipais, a não ser as das capitais e as das grandes cidades, não são muito valiosas na política nacional. São, porém, mais acessíveis para os que dispõem de parcos recursos, ainda que nas capitais e grandes municípios os custos da competição já não sejam muito baixos. Por esses órgãos municipais pode-se começar

---

[95] A legislação eleitoral brasileira contém um dispositivo que os analistas consideram no mínimo esdrúxulo: suplentes de titulares desconhecidos por quase todos os eleitores são eleitos para o Senado da República carregados pelos votos dos titulares. Com o afastamento por qualquer motivo dos titulares, os suplentes assumem a cadeira sem terem sido votados. Podem permanecer muito tempo no Senado.

uma carreira que leve muito longe, como foi a de Jânio Quadros, o vereador de São Paulo que chegou a Presidente da República.

Nos pequenos municípios, boa parte da batalha para a captação de votos pode ser conduzida face a face, ampliando as oportunidades para os que têm pouco recurso financeiro. O próprio exercício da profissão/ocupação, em alguns casos, ajuda a obtenção de votos. É o caso, por exemplo, de médicos de instituições públicas da Saúde, de pequenos comerciantes locais, de farmacêuticos, de moradores antigos da cidade, enfim, de atividades profissionais que impliquem contato constante com um número grande de potenciais eleitores, fato que concorre para diminuir os custos da atividade eleitoral.

Entre os deputados da 54ª Legislatura, para os parlamentares de baixo patrimônio e iniciantes na política, as câmaras municipais foram a principal porta de entrada para a vida pública: vinte deputados com baixo patrimônio entraram na política como vereador, contra apenas seis dos mais ricos. Em contraposição, doze deputados do grupo dos ricos começaram na política pela prefeitura. Entre os de baixo patrimônio foram somente três casos, dado indicativo da importância dos executivos municipais na carreira dos políticos.

Em ordem de importância, depois da Câmara dos Deputados e das câmaras de vereadores, as assembleias legislativas foram a terceira porta de entrada tanto dos ricos como dos remediados. Por elas começaram dez deputados de cada grupo.

A porta de entrada mais utilizada por patrícios foi a CD (21 casos). Entre os plebeus, veio em segundo lugar, com 17 casos (Tabela VIII-IV, página seguinte). Essa boa colocação encontra explicação na existência dos trunfos que ajudam as pretensões políticas dos mais pobres: as associações de massas, especialmente as entidades sindicais.

TABELA VIII - IV
PORTAS DE ENTRADA

Portas de entrada	50 mais ricos	50 mais pobres	Totais
Câmara Federal	17	21	38
Câmara Municipal	20	6	26
Assembleia Estadual	10	10	20
Prefeitura(*)	3	12	15
Senado da República		1	1
Total de deputados	50	50	100

(*) – Vices incluídos.

RESUMO

O capítulo procurou detectar os instrumentos e vias utilizadas pelos políticos mais ricos e mais pobres para entrar e ascender na vida pública. Foram denominados trunfos tudo que favorecesse a entrada na vida política: capital econômico, redes de parentesco e de apadrinhamento, cargos na administração pública, sindicatos, máquina partidária, sociedades de amigos do bairro e outras associações de massa. Excluindo o capital econômico, os trunfos mais importantes são externos aos indivíduos. Não são formalmente sua propriedade pessoal, mas podem ser utilizados individualmente para alavancar carreiras políticas. Contudo, há trunfos que são dotes inerentemente pessoais, como qualidades atléticas e artísticas que popularizam futuros candidatos e reduzem gastos de campanha. Trunfos diferentes podem estar associados na carreira política. É o caso, por exemplo, de relações de parentesco e ocupação de cargos públicos.

Esses trunfos não se distribuem aleatoriamente entre milionários e remediados. Entre os cinquenta mais pobres, o trunfo mais poderoso vem do comando de uma central sindical ou de outras entidades do sistema trabalhista corporativo. Para os jovens de classes médias, matriculados em algum estabelecimento de nível superior, a presidência da UNE ou de alguma entidade estadual é um dos principais trunfos. Mas o movimento estudantil é pouco utilizado pelos mais pobres. Esses, além dos sindicatos, têm mais acesso a outras organizações de massa: associações de bairro, movimentos por moradia, por melhores transportes etc. A maior parte desses movimentos está ligada às alas progressistas da igreja católica e às pequenas organizações de esquerda. Entre os milionários, o grande trunfo é o capital econômico. Existem, porém, outros a ele conectados: relações de parentescos e associações de classe, principalmente.

Por via eleitoral, as principais portas de entrada na grande política foram a Câmara dos Deputados, câmaras de vereadores e assembleias legislativas. Câmaras municipais e assembleias tendem a ser mais utilizadas pelos mais pobres, enquanto os mais ricos tendem a começar pela CD e prefeituras municipais. Ainda assim, um número significativo do grupo dos mais pobres entrou na vida pública diretamente pela CD. Na realidade, eram ex-pobres com posições importantes em organizações de massa poderosas, como centrais sindicais e grandes sindicatos.

Conclusão

Este livro teve como objeto a composição social da 54ª Legislatura (2011-2015) da Câmara dos Deputados, as mudanças ocorridas na sua composição e o consequente reflexo na distribuição partidária das cadeiras. Interessou-nos basicamente localizar os principais meios sócio-profissionais de onde vêm os que nos governam, assunto já investigado em outros dois livros que publicamos sobre os deputados federais.

A hipótese que conduziu a pesquisa foi de que um corpo eleitoral com maior peso de eleitores das classes baixas e médias favorece a emergência de elites políticas de origem popular e das classes médias assalariadas, em especial dos seus segmentos com sindicatos fortes, geralmente do setor público, nele incluídas as empresas estatais.

Consequentemente, houve diminuição do espaço na CD (e no sistema de poder de modo geral) das elites partidárias originárias das classes ricas, dos grandes proprietários e empresários rurais notadamente. Se estivéssemos na Roma antiga, poderíamos dizer que houve recuo dos patrícios e avanço dos plebeus.

Mas não estamos. Nas sociedades democráticas, os plebeus têm direito de voto. Nos sistemas eleitorais de massa, contam com a vantagem de serem em maior número e disporem de um trunfo poderoso que contrabalança o poder econômico dos mais ricos: as organizações de massa. O resultado geral foi o aparecimento de novas elites políticas de origem mais popular e de classe média assalariada que se apoiam sobre as classes baixa. O fato, até agora, beneficiou os partidos que são tidos como de esquerda.

Para a análise mais aprofundada e ampla dos reflexos partidários relacionados a mudanças sócio-econômicas, cumpriria observar o fenômeno nas variadas instâncias do sistema político. Todavia, não teríamos condição de examiná-lo com o rigor necessário. Limitamo-nos a assinalar uma das consequências das transformações da sociedade brasileira tomando a CD como *locus* principal da investigação. O exame das origens sociais dos que têm sido eleitos para a Casa do Povo mostrou a crescente presença de uma categoria social designada amiúde de Classe C, pobres modernizados compondo a grande maioria do eleitorado. Sociologicamente, seria a classe média baixa sobre a qual se apoiou uma nova elite política.

Correlatamente a esse conjunto de mudanças de natureza sociológica, consolidou-se, no plano político, um sistema democrático de massas. Assim, do ângulo da participação, a política brasileira democratizou-se. Até agora, o processo favoreceu os partidos de esquerda que, ironicamente, não apostavam na "democracia burguesa" e no desenvolvimento do capitalismo no país.

Esquematicamente, numa linha simplificada de relações causais, a sequência seria a seguinte:

i) Ampliação da participação política medida principalmente pela extensão do sufrágio;
ii) Democracia de massas;
iii) Aumento do espaço das classes populares no corpo eleitoral;
iv) Avanço de novas elites políticas de classe média e popular;
v) Fortalecimento dos partidos de esquerda.

Contudo, nessa cadeia de vínculos explicativos há um problema: se a democracia de massas encarece o custo das campanhas e das disputas eleitorais, *ceteris paribus*, os ricos deveriam levar vantagem com a extensão do sufrágio. Como consequência, não haveria popularização da vida política. Em nossa visão, não é o que aconteceu. Ocorre que a democracia de massas coloca à disposição dos que vêm debaixo instrumentos que os favoreceram na luta contra as classes altas. São instrumentos que o patriciato não dispõe em escala equivalente: as organização e associações de massa, especialmente os grandes sindicatos de trabalhadores.

É por aí que a massificação, no plano partidário, favoreceu principalmente os partidos de esquerda, mais próximos das classes médias e populares. No caso do Brasil, o PT e, em muito menor medida, o PCdoB.

Nos países desenvolvidos, as transformações estruturais que conduziram à formação de democracias de massa e às economias de consumo beneficiaram ao longo do tempo os partidos de uma esquerda reformista cada vez mais moderada que ascendiam ao poder pela via eleitoral.

Na Europa, de modo geral, assim foi até aproximadamente até a década dos setenta do século passado. A partir daí, o mapa partidário complicou-se com o surgimento de uma nova direita e recuo dos partidos socialistas, trabalhistas e, especialmente, comunistas. Desde então, em todos os países do mundo ocidental, observou-se alternâncias políticas entre o que se poderia chamar de esquerda e de direita, essa frequentemente designada de nova direita. Os temas e as matérias de conflito mudaram; novas clivagens sociais, culturais, étnicas e econômicas apareceram. Apesar disso – e das críticas quanto ao seu uso –, os conceitos de direita, centro e esquerda ainda continuam utilizados, aplicando-se, às vezes, em novos fenômenos sócio-políticos.

Nada garante que, no caso brasileiro, a continuidade do processo democrático favoreça seguidamente os partidos que se afirmam de esquerda e as elites políticas vindas mais de baixo. As relações entre os fatores de natureza estrutural (como a expansão progressiva do corpo eleitoral) e os resultados partidários passam por muitas mediações de cunho político, demográfico e cultural difíceis de prognosticar. Não são reflexo do que se passa no que já foi denominado de infraestrutura (a "base") ou modo de produção.[96] Certos contextos sociais que beneficiaram tendências de desenvolvimento político podem influenciar os resultados eleitorais e refletir sobre disposições ideológicas e partidárias.

Contudo, mudanças de natureza socioeconômica, no melhor dos casos, apenas criam probabilidades de ocorrência, ou seja, estruturas de possibilidades que fazem certos desdobramentos políticos mais ou menos prováveis. Isso significa que as habilidades dos contendores contam, mas alguns terão que lutar pisando em terreno mais pantanoso.

As classes altas têm muitas respostas ao avanço político das elites de classe média e popular. No caso do Brasil, uma delas é o abandono das siglas partidárias caídas em desgraça: migração para outras legendas mais "populares"; criação de novos partidos de toque "social" ou "trabalhista"; apropriação das propostas e ideias dos adversários; adoção de plataformas eleitorais de tipo social-democrata e/ou populista etc. Embaralha-se, assim, o campo das disputas partidárias. Na luta eleitoral, os políticos das elites tradicionais buscam colocar em surdina seus meios sociais de origem; os de origem mais popular esforçam-se por alardeá-los como um mérito. Se todos os demais fatores forem iguais, na disputa democrática por votos os partidos tendem a se aproximar para atingir a massa de eleitores.

---

[96] Difícil entender as vitórias do PSDB e do PT sem considerar as personalidades de Fernando Henrique Cardoso e de Lula numa dada conjuntura de nossa história, ou seja, a virtù e a fortuna de Machiavel.

Previsões, especialmente as políticas, costumam castigar quem as faz. É prudente evitá-las. Mas abandoná-las inteiramente seria desobrigar-se de refletir sobre os acontecimentos, retirar do jogo político todos os elementos de racionalidade e entender os resultados como simples atos de vontade de personalidades ou do acaso...

Limitamo-nos a trazer à reflexão apenas alguns fatores que podem ordenar e colocar alguma racionalidade na multiplicidade dos fatos. Da perspectiva sociológica, o fator principal, de reversão difícil à luz dos fatores atualmente em curso, é a continuidade e mesmo o aprofundamento de uma sociedade de massas com forte peso das classes médias assalariadas e consequente emergência de novas elites políticas. Do ângulo político-partidário, deve-se, esperar, pois, a diminuição do espaço das oligarquias tradicionais. O resultado deve ser uma classe política socialmente mais heterogênea e "popular".

Até agora esse desenvolvimento social beneficiou os partidos classificados à esquerda no arco ideológico. Essa tendência poderá prosseguir e consolidar-se nas próximas eleições? Mudanças sociais criam apenas um dado cenário para a atuação dos atores políticos, ou seja, criam contextos que favorecem mais a algumas elites políticas do que a outras. Sistemas eleitorais, ou seja, fatores institucionais, como se sabe, têm efeitos na distribuição dos resultados partidários: instituições contam. O modelo presidencialista (em contraposição ao parlamentarista) favorece lideranças de tipo populista. No momento, potencializa a força da esquerda e aumenta o prêmio do vencedor, sempre apenas um. Contudo, ainda que beneficiados pelo modelo presidencialista, os partidos de esquerda somados nunca obtiveram mais de um terço das cadeiras na CD. A ascensão das novas elites políticas de classes médias e a massificação do jogo político – que deve prosseguir – não significam que tendências de esquerda serão sempre beneficiadas.

Muitos exemplos históricos mostram que as orientações das classes médias e plebéias podem estar associadas a posições de direita e ou de esquerda num arco que vai do fascismo ao liberalismo, passando por socialistas reformistas e vanguardas de tipo bolchevique ou de luta armada. As classes médias, tal como as camadas populares, são segmentadas e diferenciadas internamente. De seu peso nas políticas nacionais não se pode deduzir suas orientações ideológicas, mesmo porque, no mundo atual, não são tão nítidas como no passado. Paremos, portanto, por aqui. Mais adiante é terra *incognita*.

ADENDO I
Deputados eleitos na 54ª Legislatura

1	PT – Partido dos Trabalhadores	86
2	PMDB – Partido do Movimento Democrático Brasileiro	78
3	PSDB – Partido da Social Democracia Brasileira	53
4	PP – Partido Progressista	44
5	DEM – Democrata	43
6	PR – Partido da República	41
7	PSB – Partido Socialista Brasileiro	35
8	PDT – Partido Democrático Trabalhista	26
9	PTB – Partido Trabalhista Brasileiro	22
10	PSC – Partido Social Cristão	17
11	PCdoB – Partido Comunista do Brasil	15
12	PV – Partido Verde	14
13	PPS – Partido Popular Socialista	12
14	PRB – Partido Republicano Brasileiro	8
15	PMN – Partido da Mobilização Nacional	4
16	PTdoB – Partido Trabalhista do Brasil	4
17	PSOL – Partido Socialismo e Liberdade	3
18	PHS – Partido Humanista Social	2
19	PRP – Partido Republicano Progressista	2
20	PRTB – Partido Renovador Trabalhista Brasileiro	2
21	PSL – Partido Social Liberal	1
22	PTC – Partido Trabalhista Cristão	1
Total		513

Obs.: O PEN (Partido Ecológico Nacional) obteve registro apenas em 2012. Não elegeu nenhum deputado em 2010. Após a eleição houve migrações de legendas que não foram levadas em conta.
Fonte: TSE.

ADENDO II
Partidos registrados no TSE
(por data de aprovação até julho de 2012)

	SIGLA	NOME	DEFERIMENTO	NÚM.
1	PMDB	Partido do Movimento Democrático Brasileiro	30.06.1981	15
2	PTB	Partido Trabalhista Brasileiro	03.11.1981	14
3	PDT	Partido Democrático Trabalhista	10.11.1981	12
4	PT	Partido dos Trabalhadores	11.02.1982	13
5	DEM	Democratas	11.09.1986	25
6	PCdoB	Partido Comunista do Brasil	23.06.1988	65
7	PSB	Partido Socialista Brasileiro	01.07.1988	40
8	PSDB	Partido da Social Democracia Brasileira	24.08.1989	45
9	PTC	Partido Trabalhista Cristão	22.02.1990	36
10	PSC	Partido Social Cristão	29.03.1990	20
11	PMN	Partido da Mobilização Nacional	25.10.1990	33
12	PRP	Partido Republicano Progressista	29.10.1991	44
13	PPS	Partido Popular Socialista	19.03.1992	23
14	PV	Partido Verde	30.09.1993	43
15	PTDOB	Partido Trabalhista do Brasil	11.10.1994	70
16	PP	Partido Progressista	16.11.1995	11
17	PSTU	Partido Socialista dos Trabalhadores Unificado	19.12.1995	16
18	PCB	Partido Comunista Brasileiro	09.05.1996	21
19	PRTB	Partido Renovador Trabalhista Brasileiro	28.03.1995	28
20	PHS	Partido Humanista da Solidariedade	20.03.1997	31
21	PSDC	Partido Social Democrata Cristão	05.08.1997	27
22	PCO	Partido da Causa Operária	30.09.1997	29
23	PTN	Partido Trabalhista Nacional	02.10.1997	19
24	PSL	Partido Social Liberal	02.06.1998	17
25	PRB	Partido Republicano Brasileiro	25.08.2005	10
26	PSOL	Partido Socialismo e Liberdade	15.09.2005	50
27	PR	Partido da República	19.12.2006	22
28	PPSD	Partido Social Democrático	27.09.2011	55
29	PPL	Partido Pátria Livre	04.10.2011	54
30	PEN	Partido Ecológico Nacional	19.06.2012	51

Fonte: TSE.

ADENDO III
Deputados mais pobres e mais ricos

I – 50 deputados mais pobres

Núm.	NOME	PARTIDO	ESTADO	PATRIMÔNIO (R$)
1	Marcelo Aguiar	PSC	São Paulo	1.000,00
2	Francisco Floriano	PR	Rio de Janeiro	4.319,53
3	Manuela D Avila	PC do B	Rio Gr. do Sul	13.749,79
4	Josias Gomes	PT	Bahia	20.821,69
5	Alessandro Molon	PT	Rio de Janeiro	21.192,00
6	Padre Ton	PT	Rondônia	24.399,37
7	Erivelton Santana	PSC	Bahia	35.000,00
8	Flávia Morais	PDT	Goiás	37.353,00
9	Penna	PV	São Paulo	40.000,00
10	Paulo Teixeira	PT	São Paulo	50.516,31
11	Cristiano Rodrigues (Paulo Feijo-PR)	PT do B	Rio de Janeiro	54.000,00
12	Assis Melo	PC do B	Rio Gr. do Sul	56.473,22
13	Ribamar Alves	PSB	Maranhão	61.797,66
14	Luiz Couto	PT	Paraíba	63.079,84
15	Nilson Pinto	PSDB	Pará	66.473,04
16	Dutra	PT	Maranhão	69.291,00
17	Rosane Ferreira	PV	Paraná	74.250,00
18	Lauriete	PSC	Espírito Santo	75.000,00
19	Ota	PSB	São Paulo	76.672,07
20	Glauber	PSB	Rio de Janeiro	76.890,00
21	Marcelo Matos	PDT	Rio de Janeiro	78.277,00
22	Edson Santos	PT	Rio de Janeiro	79.496,00
23	Garotinho	PR	Rio de Janeiro	80.000,00
24	Iriny Lopes	PT	Espírito Santo	80.993,19
25	Osmar Terra	PMDB	Rio Gr. do Sul	85.996,09
26	Helio Santos	PSDB	Maranhão	87.809,78
27	Luci	PT	Santa Catarina	92.522,00
28	Jô Moraes	PC do B	Minas Gerais	92.833,00
29	Stedile	PSB	Rio Gr. do Sul	95.500,00
30	Eudes Xavier	PT	Ceará	97.329,91
31	Gabriel Guimarães	PT	Minas Gerais	101.201,65
32	Siba Machado	PT	Acre	111.140,76
33	Jose Humberto	PHS	Minas Gerais	112.136,73
34	José Airton	PT	Ceará	114.701,59

ADENDO III *(Continuação)*

I – 50 deputados mais pobres

Núm.	NOME	PARTIDO	ESTADO	PATRIMÔNIO (R$)
35	Professora Dorinha	DEM	Tocantins	122.867,23
36	Chico Lopes	PC do B	Ceará	139.905,00
37	Hugo Motta	PMDB	Paraíba	141.000,00
38	Edivaldo Holanda Junior	PTC	Maranhão	142.059,71
39	Padre Joao	PT	Minas Gerais	142.689,96
40	Erika Kokay	PT	Distr. Federal	145.817,00
41	Valtenir	PSB	Mato Grosso	158.354,83
42	Fernando Ferro	PT	Pernambuco	161.000,00
43	Miro Teixeira	PDT	Rio de Janeiro	164.646,83
44	Zoinho	PR	Rio de Janeiro	175.080,00
45	Alberto Filho	PMDB	Maranhão	177.753,53
46	José Augusto Maia	PTB	Pernambuco	180.000,00
47	Liliam Sá	PR	Rio de Janeiro	180.000,00
48	Cesar Colnago	PSDB	Espírito Santo	182.188,05
49	Janete Pietá	PT	São Paulo	188.700,72
50	Rui Costa	PT	Bahia	192.993,56

II – 50 deputados mais ricos

Núm.	NOME	PARTIDO	ESTADO	PATRIMÔNIO (R$)
1	João Lyra	PTB	Alagoas	144.363.291,74
2	Alfredo Kaefer	PSDB	Paraná	95.728.260,00
3	Newton Cardoso	PMDB	Minas Gerais	77.956.890,08
4	Sandro Mabel	PR	Goiás	70.992.163,06
5	Paulo Maluf	PP	SP	39.480.780,96
6	Reinaldo Azambuja	PSDB	M.Grosso Sul	31.907.723,00
7	Beto Mansur	PP	São Paulo	16.229.185,27
8	Dona Iris	PMDB	Goiás	14.173.468,69
9	Joao Maia	PR	R.Gr. do Norte	14.116.205,00
10	Paulo Magalhães	DEM	Bahia	14.046.149,19
11	Julio Campos	DEM	Mato Grosso	12.894.052,71
12	Edmar Arruda	PSC	Paraná	12.396.842,85
13	Gabriel Chalita	PSB	São Paulo	12.367.787,13
14	Jorge Corte Real	PTB	Pernambuco	11.633.925,27

II – 50 DEPUTADOS MAIS RICOS

Núm.	NOME	PARTIDO	ESTADO	PATRIMÔNIO (R$)
15	Giovanni Queiroz	PDT	Pará	10.421.200,00
16	Lael Varella	DEM	Minas Gerais	10.399.182,94
17	Bilac Pinto	PR	Minas Gerais	8.877.604,04
18	Zé Vieira	PR	Maranhão	8.176.954,00
19	Paulo Cesar Quartiero	DEM	Roraima	8.010.010,00
20	Nelson Padovani	PSC	Paraná	7.970.860,81
21	Dilceu Sperafico	PP	Paraná	7.680.293,03
22	Jose Chaves	PTB	Pernambuco	7.403.290,73
23	Felipe Maia	DEM	R.Gr. do Norte	7.403.227,92
24	Wellington Fagundes	PR	Mato Grosso	7.255.285,56
25	Nelson Marquezelli	PTB	São Paulo	6.990.306,92
26	Inocencio Oliveira	PR	Pernambuco	6.901.519,44
27	Anibal	PMDB	Ceará	6.805.631,36
28	Manoel Salviano	PSDB	Ceará	6.684.885,57
29	Pedro Novais	PMDB	Maranhão	6.382.972,59
30	Izalci	PR	Dist. Federal	6.362.764,83
31	Ronaldo Caiado	DEM	Goiás	5.950.666,62
32	Lupion	DEM	Paraná	5.898.464,13
33	Henrique Eduardo Alves	PMDB	R. Gr. do Norte	5.584.304,96
34	Aelton Freitas	PR	Minas Gerais	5.468.418,98
35	Arolde de Oliveira	DEM	Rio de Janeiro	5.401.326,35
36	Lucio Vieira Lima	PMDB	Bahia	4.981.631,77
37	José Nunes	DEM	Bahia	4.893.779,12
38	Wilson Filho	PMDB	Paraíba	4.800.471,00
39	Genecias	PMDB	Ceará	4.664.525,89
40	Fabio Souto	DEM	Bahia	4.552.601,21
41	Elcione	PMDB	Pará	4.519.084,88
42	Rodrigo Garcia	DEM	São Paulo	4.391.456,34
43	Mauro Lopes	PMDB	Minas Gerais	4.383.573,27
44	Carlaile Pedrosa	PSDB	Minas Gerais	4.301.660,18
45	Claudio Cajado	DEM	Bahia	4.289.321,16
46	Sarney Filho	PV	Maranhão	4.077.996,92
47	Jorge Tadeu	DEM	São Paulo	3.965.825,88
48	Roberto Balestra	PP	Goiás	3.884.883,85
49	Jutahy Magalhães Júnior	PSDB	Bahia	3.699.959,60
50	Felix Jr.	PDT	Bahia	3.699.825,61

Fonte: Fernando Rodrigues, *op. cit.*

Bibliografia

AMARAL, Ricardo Batista: *A Vida Quer é Coragem – A Trajetória de Dilma Rousseff*, Ed. Primeira Pessoa, Rio de Janeiro, 2012.

AZEVEDO, Clóvis Bueno de: *A Estrela Partida ao Meio*, Entrelinhas, São Paulo, 1995.

BATISTA JR, João: "Quem quer ser pastor?", *Veja*, São Paulo, 16 de janeiro de 2013.

BOGOSSIAN, Bruno e Roldão, ARRUDA: "Evangélicos miram comissões que têm poder de barrar temas sensíveis à igrejas", *Estado de São Paulo*, 18/03/2013, p. A4.

BOURNE, Richard: *Lula do Brasil*, Geração Editorial, São Paulo, 2011 (1ª ed. americana: 2009).

BRAGA, Sérgio Soares: *Quem foi quem na Assembléia Constituinte de 1946. Um perfil socioeconômico e regional da Constituinte de 1946*, Câmara dos Deputados, Coordenação de Publicações, Brasília, 1998, II vols.

CASTILHO, Alceu Luís: *Partido da Terra*, Editora Contexto, São Paulo, 2012.

D'ARAUJO, Maria Celina: *A Elite Dirigente do Governo Lula*, CPDOC/FGV, Rio de Janeiro, 2009.

DAHL, Robert, *Poliarquia*, Edusp, São Paulo, 1997 (1ª ed. americana: 1972).

DIAP: *Radiografia do Novo Congresso: Legislatura 2011-2015*, Série Estudos Políticos, Ano V, Brasília/DF, dez. 2010.

DOIMO, Ana Maria: *A Vez e a Voz do Popular*, Relume-Dumará: Anpocs, Rio de Janeiro, 1995.

GAXIE, Daniel: *Révue française de Science Politique, vol. XXX*, nº 1, fev. de 1980 (tradução publicada pela *Revista Brasileira de Ciência Política*, nº 8, maio/agosto de 2012).

GERMANI, Gino: *Política y Sociedad en una Época de Transición*, Editorial Paidós, Buenos Aires, 1962.

GURVITCH, Georges: *El Concepto de Clases Sociales*, de Marx a nuestros dias, Ediciones Galatea-Nueva Visión, Buenos Aires, 1957.

GUSMÃO, Luís de: *O Fetichismo do Conceito*, Topbooks, Rio de Janeiro, 2012.

HUNTER, Wendy: *The Transformation of the Workers Party in Brazil, 1989-2009*, Cambridge University Press, Cambridge, 2010.

KECK, E. Margaret: *PT. A Lógica da Diferença*, Editora Ática, São Paulo, 1991.

LEVITSKY, Steven e ROBERTS, Kenneth M. (eds.), *The Resurgence of the Latin América Left*, The John Hopkins University Press, Baltimore, 2011.

LIPSET, Seymour Martin, "El Proceso Político en los Sindicatos Obreros", em *El Hombre Político*, Eudeba, Buenos Aires, 1963. (1ª ed. americana: 1960).

MAGALHÃES, Mário: *Marighella. O Guerrilheiro que Mudou o Mundo*, Companhia das Letras, São Paulo, 2002.

MELO, Carlos Ranulfo: *Retirando as Cadeiras do Lugar*, Editora UFMG, Belo Horizonte, 2004.

MENEGUELLO Rachel: *PT. A Formação de um Partido, 1979-1982*, Paz e Terra, 1989.

MIR, Luís: *Partido de Deus, Fé, Poder e Política*, Editora Alaúde, São Paulo, 2007.

MOREL, Mário: *Lula, o Metalúrgico*, Nova Fronteira, Rio de Janeiro, 1981.

MOSCA, Gaetano: *A Classe Política*, Ediciones Galatea-Nueva Visión, Buenos Aires, 1957. (1ª ed. italiana: 1896).

NÊUMANNE, José Pinto: *O que sei de Lula*, Topbooks, Rio de Janeiro, 2011.

NICOLAU, Jairo Marconi: *Multipartidarismo e Democracia*, Fundação Getúlio Vargas Editora, Rio de Janeiro, 1996.

PANEBIANCO, Ângelo: *Modelos de Partido*, Alianza Editorial, Madri, 1990.

PARANÁ, Denise: *Lula, o Filho do Brasil¸* Editora Fundação Perseu Abramo, São Paulo, 1ª impressão: 2007.

RIBEIRO, Pedro Floriano, *Dos Sindicatos ao Governo. A Organização Nacional do PT de 1980 a 2005*, Edufscar, São Carlos, 2010.

RODRIGUES, Fernando. *Políticos do Brasil*, Publifolha, São Paulo, 2006.

RODRIGUES, Leôncio Martins: *"As Tendências Políticas na Formação das Centrais Sindicais" in*: Armando Boito Jr. (org.), Eduardo Noronha, Iram Jácome Rodrigues, Leôncio Martins Rodrigues e Regina Reyes Novaes: *O Sindicalismo Brasileiro nos Anos 80*, Paz e Terra, Rio de Janeiro, 1991.

RODRIGUES, Leôncio Martins: *Partidos, Ideologia e Composição Social*, Edusp, São Paulo, 2002.

RODRIGUES, Leôncio Martins: *Quem foi Quem na Constituinte. Uma Análise Sócio-Política dos Partidos e Deputados*, Oesp-Maltese, São Paulo, 1987.

RODRIGUES, Leôncio Martins: *Mudanças na Classe Política Brasileira*, Publifolha, São Paulo, 2006.

SCHLESINGER, Joseph: *Ambition and Politics*, Rand McNally & Company, Chicago, 1966.

SCHUMPETER, Joseph: *Capitalismo, Socialismo e Democracia*, Zahar, Rio de Janeiro, 1961 (1ª ed. americana: 1943).

SECCO, Lincoln: *História do PT – 1978-2010*, Ateliê Editorial, Cotia (SP), 2011.

SILVA, Luís Inácio Lula da: *Lula, Entrevistas e Discursos*, Editora O Reporter de Guarulhos, Guarulhos, 1981.

SOUZA, Isabel Ribeiro de Oliveira Gomes de: *Trabalho e Política, As Origens do Partido dos Trabalhadores*, Vozes, Petrópolis, 1988.

SOUZA, Amaury de e Lamounier, Bolívar, *A Classe Média Brasileira, Ambições, Valores e Projetos de Sociedade*, Rio de Janeiro, Elsevier/ CNI; Brasília, 2010.

WEBER, Max, *Le Savant et le Politique*, Plon, Paris, 1959, (1ª ed. alemã: 1919).

Este livro foi impresso pela Edigráfica